PAREJAS EXTRAORDINARIAS
de la Historia

LIBSA

© 2023, Editorial LIBSA
C/ Puerto de Navacerrada, 88
Polígono Industrial Las Nieves
28935 Móstoles (Madrid)
Tel.: (34) 91 657 25 80
e-mail: libsa@libsa.es
www.libsa.es

Textos: Paloma Corredor
Ilustración: Hannah Wood • Collaborate Agency
Fotografía: Shutterstock Images

ISBN: 978-84-662-4259-2

DL: M-5205-2023

CONTENIDO

Introducción 4

Adán y Eva 10

Sha Jahan y Mumtaz Mahal 14

Napoleón y Josefina 18

Mary Wollstonecraft y Mary Shelley . . 22

Lord Byron y Ada Lovelace 26

Hermanos Grimm 30

Verlaine y Rimbaud 34

Hermanos Lumière 38

Virginia Woolf y Vanessa Bell 42

Eduardo VIII y Wallis Simpson 46

Gertrude Stein y Alice B. Toklas 50

Robert Capa (Endre Friedmann
   y Gerda Taro) 54

Hans y Sophie Scholl 58

Salvador Dalí y Gala 62

Martin Luther King y Coretta Scott 66

John Lennon y Yoko Ono 70

Andy Warhol y Jean-Michel Basquiat . 74

Serena y Venus Williams 78

Otras parejas que debes conocer 82

INTRODUCCIÓN

Parejas que cambiaron la Historia al sumar sus fuerzas

La Historia está llena de hombres y mujeres que pasaron a la posteridad gracias a sus logros y talentos. Pero ¿qué ocurre cuando dos personas extraordinarias se unen? Pues… ¡que suceden cosas asombrosas! En este libro vamos a repasar las biografías de varias parejas de éxito que se hicieron famosas por la fuerza de sus sentimientos, por su personalidad arrolladora o porque se convirtieron en ejemplo e inspiración para otras personas.

Algunas parejas vivieron hace muchos siglos, aunque hoy en día nos seguimos acordando de ellas. Las hay que aparecen en los libros de texto y otras resultan fascinantes porque parecen personajes sacados de una película o de una novela.

Otras de las parejas que enseguida conoceremos llenaron las páginas de los periódicos y revistas de hace algunas décadas, porque fascinaban al público gracias a sus éxitos y su carisma. Y alguna que otra sigue siendo muy famosa hoy en día y acumulando seguidores en las redes sociales.

Adán y Eva

Amantes cuya historia pasó a la Historia

No podía faltar en esta recopilación la primera pareja que pobló la Tierra, según la Biblia. Por supuesto, nos referimos a **Adán y Eva**, que tan felices vivían en su paraíso hasta que llegó una pérfida serpiente y los hizo caer en la tentación.

Otro paraíso, pero este de mármol y ladrillo, es el Taj Mahal. Se trata del monumento funerario más famoso del mundo y lo levantó un antiguo monarca llamado **Shah Jahan** para su amada esposa **Mumtaz Mahal.**

Napoleón y Josefina

También fue rey (de Inglaterra) **Eduardo VIII**, pero por muy poco tiempo. Y es que este monarca abdicó por amor a una mujer llamada **Wallis Simpson** con la que se empeñó en casarse.

El que sí supo compaginar la tarea de gobernar con el amor fue el emperador francés **Napoleón**, que entre batalla y batalla enviaba apasionadas cartas a su esposa **Josefina**.

Eduardo y Wallis

De tal palo, tal astilla

Hay hijos que heredan el talento de sus padres o madres e incluso los superan. Así ocurrió con **Mary Wollstonecraft y Mary Shelley**, madre e hija. La primera fue una de las primeras escritoras profesionales y también una de las primeras defensoras de las ideas feministas. La segunda también fue escritora, y su novela *Frankenstein* inauguró el género de la ciencia ficción, tan popular hoy en día.

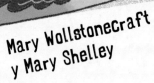

Mary Wollstonecraft y Mary Shelley

Hermanos inseparables y admirables

Hay hermanos bien avenidos que consiguieron grandes cosas al unir su fuerza y su talento. Como los **Lumière**, que inventaron el aparato que permitía proyectar películas en el cine.

Hermanos Lumière

También era escritor **Lord Byron**, un poeta inglés conocido no solo por sus versos sino por su espíritu aventurero. Nunca convivió con su hija **Ada Lovelace**, pero esta siempre lo tuvo muy presente. Tanto que ella, siendo programadora informática, aseguraba que lo suyo era hacer «ciencia poética».

O los **Grimm**, quienes tuvieron la paciencia de recopilar cientos de historias populares y convertirlas en los cuentos infantiles más famosos de todos los tiempos.

En Londres, **Virginia Woolf** y **Vanessa Bell** destacaron como las intelectuales femeninas del llamado «Círculo de Bloomsbury».

Hermanos Grimm

Vanessa

Virginia

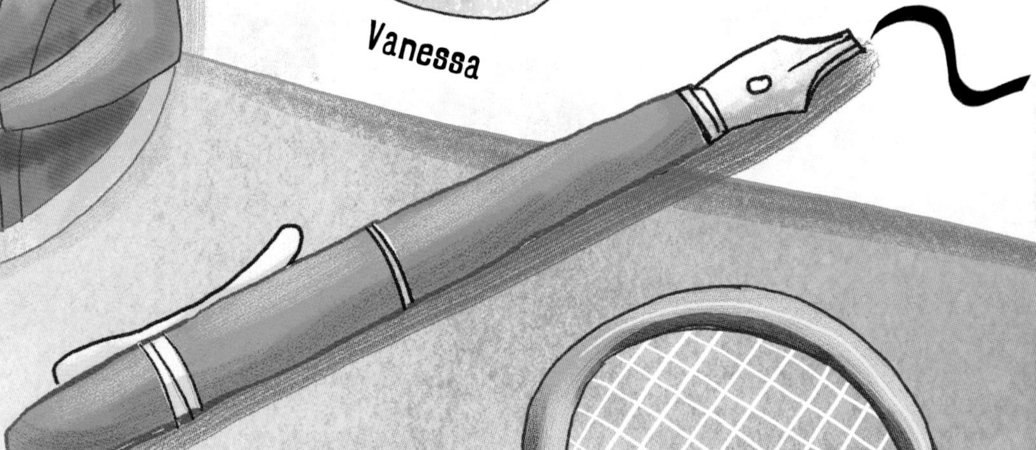

Recordamos también a los jóvenes **Hans** y **Sophie Scholl**, dos valientes hermanos que tuvieron el coraje de protestar contra los nazis cuando estos gobernaban en Alemania.

Y otra célebre pareja de hermanas es la formada por **Serena** y **Venus Williams**, dos de las mejores tenistas de la Historia.

Serena

Venus

Cuando el amor se convierte en fuente de inspiración

John Lennon y **Yoko Ono** fueron una pareja tan incomprendida como apasionada. Vivieron su amor entre música, arte moderno y mensajes pacifistas.

Algo más revoltosos fueron **Andy Warhol** y **Jean-Michel Basquiat**, íntimos amigos que compartieron infinidad de fiestas cuando no estaban pintando lienzos juntos.

John Lennon y Yoko Ono

Jean-Michel Basquiat

Salvador Dalí

También fueron inseparables **Salvador Dalí** y su esposa **Gala**, cuyo aspecto extravagante no lograba ocultar la adoración que sentían el uno por el otro.

Andy Warhol

Gala

Amor sin barreras

Hoy en día, las parejas del mismo sexo se pueden casar y formar una familia, pero en los siglos pasados lo tenían mucho más difícil. **Rimbaud** y **Verlaine**, a pesar de ser dos poetas famosos, tuvieron que marcharse lejos de París a vivir su pasión.

Sin embargo, en París vivieron las escritoras **Gertrude Stein** y **Alice B. Toklas**, que fueron una de las primeras parejas famosas formada por dos mujeres.

Parejas comprometidas con el amor y con la vida

Algunas de nuestras parejas mantuvieron un compromiso tan fuerte con su amor como con algunas causas sociales. **Gerda Taro** y **Endre Friedmann** fueron dos fotógrafos que triunfaron con el nombre artístico de **Robert Capa** y mostraron al mundo las duras imágenes de la Guerra Civil española.

Y en Estados Unidos **Martin Luther King** y **Coretta Scott** formaron un equipo incansable en favor de los derechos de los afroamericanos.

Gertrude Stein y Alice B. Toklas

Rimbaud y Verlaine

Gerda Taro y Endre Friedmann

Martin Luther King

Coretta Scott

Adán y Eva

Según la Biblia, nosotros fuimos los primeros seres humanos que pisaron el planeta Tierra. Algunas personas creen ciegamente en nuestra historia y otras consideran que solo se trata de un hermoso cuento con final no muy feliz. Lo que está claro es que somos los protagonistas de la historia más famosa jamás contada. Y dice así…

«Primero, Dios creó el Universo en cinco días. Al sexto, tomó arcilla de la tierra y la modeló para darle forma de hombre. Luego, con un soplo mágico, me dio vida. Así fue como yo aparecí en este mundo y comencé a vivir en el jardín del Edén, que era un lugar maravilloso, un paraíso repleto de animales y plantas que convivían conmigo en perfecta armonía. Pero también es verdad que me sentía algo solo porque no había nadie como yo. Así que Dios decidió regalarme una compañera. Con una de mis costillas dio vida a una mujer y la llamó Eva». ¡Eso estaba mejor!

Adán

Ahora estábamos juntos Adán y yo, y vivíamos felices en el jardín del Edén, donde teníamos cualquier cosa que pudiéramos necesitar. Pero Dios nos puso una condición: podíamos comer los frutos de todos los árboles… excepto de uno, que se llamaba el árbol del bien y del mal. Nosotros obedecimos, hasta que cierto día apareció una extraña serpiente que hablaba. «Dios sabe que si comes del árbol del bien y del mal te volverás como Él y podrás decidir por ti misma lo que está bien y lo que está mal», me dijo. Luego me animó a probar el fruto, que parecía delicioso. Y tanto insistió que al final caí en la tentación. Comí el fruto prohibido y le ofrecí uno a Adán, que también lo comió.

Eva

En aquel mismo instante, comenzamos a encontrarnos fatal. Nos sentíamos culpables e infelices y teníamos miedo de que Dios se enterara de lo que habíamos hecho. Cuando oímos que nos llamaba, tratamos de escapar. Pero fue imposible. Dios lo sabía todo, y cumplió su amenaza de expulsarnos de nuestro hermoso paraíso. Estaba muy enfadado y nos aseguró que a partir de ese momento tendríamos que trabajar para ganarnos la vida y todo nos costaría mucho esfuerzo. Y así fue. Tuvimos dos hijos llamados Caín y Abel, que se llevaban fatal, y nunca más pudimos regresar a aquel maravilloso jardín donde tan felices habíamos sido.

¿QUÉ ES LA BIBLIA?

Se trata de un libro escrito hace miles de años por los profetas, que pusieron por escrito lo que ellos consideraban que era la palabra de Dios. La Biblia es el libro sagrado de los cristianos y los judíos y tiene dos partes: el Antiguo Testamento y el Nuevo Testamento. El primero explica la creación del universo y el segundo narra la vida de Jesús y el nacimiento del cristianismo (la religión basada en sus enseñanzas).

FICHA PERSONAL

Nombre: Adán y Eva.

Época: principio de los tiempos.

Dirección: el paraíso (planeta Tierra).

Nacionalidad: ninguna.

Ocupación: ser felices.

Logros de la pareja: ser los primeros seres humanos que poblaron el planeta, según la Biblia.

OTRAS HISTORIAS BÍBLICAS

• *El Arca de Noé:* Dios ordenó a Noé construir una gigantesca arca para salvar a los animales del diluvio universal. Así que Noé eligió a una pareja representante de cada especie animal del planeta, y gracias a él sobrevivieron a aquellas lluvias torrenciales.

• *La Torre de Babel:* Cuando los humanos quisieron construir una torre tan alta que llegara al cielo, Dios decidió castigar su soberbia e hizo que las personas de la torre empezaran a hablar en idiomas diferentes y no pudieran entenderse.

13

Sha Jahan y Mumtaz Mahal

Me llamo Sha Jahan y mi historia comenzó a principios del siglo XVII. Yo era un príncipe de 15 años, hijo del emperador mogol de la India y futuro heredero del trono. Un día, paseando por el bazar de mi ciudad, llamada Agra, conocí a una hermosa muchacha que se estaba probando un collar de diamantes. ¡Me quedé prendado de ella y le pedí matrimonio! Pero las cosas no eran tan sencillas. Los astrólogos de la corte, que observaban la posición de los planetas para elegir las fechas más propicias para los acontecimientos importantes, dijeron que tendría que aguardar muchos años para casarme si quería tener un matrimonio feliz. ¡Y tuve que esperar cinco años! Pero cuando al fin contraje matrimonio con mi amada me convertí en el hombre más feliz del mundo.

Sha Jahan

Mi nombre es Arjumand Banu Begum y, al ser hija de un hombre importante del gobierno, vivía en la corte del príncipe Sha Jahan. Cuando me casé con él pasaron a llamarme Mumtaz Mahal, que significa «la elegida del palacio». Fui la segunda esposa de mi marido, lo cual suena un poco extraño, pero es que las leyes musulmanas permitían que un hombre pudiera tener varias esposas. Sin embargo él, durante toda su vida, solo estuvo enamorado de una: yo.

Mumtaz Mahal

En 1628, tras la muerte del rey, nos convertimos en emperadores. Como en los cuentos de príncipes y princesas, fuimos felices durante 19 años de matrimonio.

Pero Mumtaz Mahal enfermó al dar a luz a su decimocuarto hijo y murió, no sin antes pedirle a Sha Jahan que construyera una tumba para ella y fuera a visitarla cada año. Sin embargo, el viudo estaba tan triste que se encerró en su palacio durante mucho tiempo. Cuando se le secaron todas las lágrimas encontró fuerzas para cumplir el último deseo de su esposa. Imaginó para ella la tumba más hermosa posible, y así nació el Taj Mahal, del que dicen que es el mausoleo o monumento funerario más bello del mundo.

Sin embargo, el emperador no pudo cumplir la segunda parte de la promesa: visitar la tumba de su esposa cada año. En su madurez cayó enfermo y sus hijos se enfrentaron por ocupar el trono. El heredero encerró a su propio padre en el palacio durante una década. Y así, Sha Jahan tuvo que conformarse con contemplar el Taj Mahal desde la ventana. Pero cuando murió, con 74 años, fue enterrado junto a su amada esposa y allí es donde ambos descansan juntos para siempre.

5 CURIOSIDADES SOBRE EL TAJ MAHAL

1. Taj significa «corona» y Mahal, «primera dama del palacio».

2. Se trata de un conjunto formado por edificios, jardines, lagos y fuentes dispuestos con perfecta armonía.

3. Está construido con ladrillos recubiertos de mármol blanco que fueron transportados por cientos de elefantes, y más de 20 000 obreros trabajaron durante 22 años para levantarlo.

4. Dice la leyenda que el emperador ordenó que dejaran ciegos a los arquitectos que diseñaron el Taj Mahal y también que les cortaran las manos. De esa forma se aseguraba que no pudieran construir otro edificio más bello.

5. Dependiendo de la hora del día, el sol ilumina los edificios reflejando hasta 10 tonalidades diferentes.

FICHA PERSONAL

Nombre: Sha Jahan y Mumtaz Mahal.

Época: 1592-1666 (Sha Jahan),
1593-1631 (Mumtaz Mahal).

Dirección: Agra (India).

Nacionalidad: mogoles.

Ocupación: emperadores.

Logros de la pareja:
protagonizar una historia de amor
que dio lugar a una de las
7 maravillas del mundo.

LAS 7 MARAVILLAS DEL MUNDO

Cada año, más de tres millones
de turistas viajan a Agra para
admirar el Taj Mahal. Es uno de los
destinos turísticos más famosos
del planeta y una de las llamadas
7 maravillas del mundo moderno.
Las otras son las siguientes:
Chichén Itzá (Yucatán, México),
el Coliseo de Roma (Italia), la
estatua del Cristo Redentor (Río
de Janeiro, Brasil), la Gran Muralla
(China), Machu Picchu (Cuzco,
Perú) y Petra (Jordania).

Napoleón y Josefina

Puesto que pasé a la Historia como emperador de Francia, mucha gente cree que yo era francés de pura cepa. Pero en realidad nací en la isla de Córcega, que antes pertenecía a Italia y justo en aquel momento se encontraba bajo dominio de los franceses. ¡Yo los detestaba!

Napoleón Bonaparte

Sin embargo, me mudé a Francia con solo nueve años, ya que mi padre me matriculó en la escuela militar de París. Allí me convertí en un soldado del ejército francés. Era bastante ambicioso, pero no podía progresar porque, en mi juventud, el poder y los privilegios estaban reservados para la nobleza francesa y no para extranjeros como yo.

Pero la vida da muchas vueltas y, en 1789, estalló la Revolución francesa. El pueblo, que estaba harto y hambriento, se rebeló contra la injusticia y exigió la creación de una sociedad más igualitaria.

Así se me abrieron las puertas del poder… ¡Y vaya si lo aproveché! Di un golpe de estado y me convertí en dictador de Francia. En 1804, me coroné a mí mismo emperador. No contento con eso, me dediqué a invadir países europeos. No era muy respetuoso, pero hay que reconocer que introduje unas leyes más justas que las que existían antes, que solo favorecían a los ricos. Pero no creas que solo me dedicaba a la guerra. ¡También me enamoré perdidamente!

Josefina Beauharnais

Martinica

Pasé mi infancia correteando entre la exuberante naturaleza de mi isla natal, Martinica, que era una colonia francesa. Era una niña libre y asalvajada que jamás imaginó que algún día sería emperatriz de Francia. Cuando comencé a vivir en París me costaba mucho comportarme como las señoritas de mi época. ¡Era muy aburrido ser tan modosita! Incluso me casé una vez, pero no funcionó porque mi marido pensaba que no era lo bastante refinada. Pero cuando conocí a mi impetuoso Napoleón nos entendimos muy bien el uno al otro. Tampoco es que tuviéramos mucho tiempo de conocernos tras nuestra boda, ya que él se pasaba la vida de guerra en guerra y yo lo esperaba en nuestro castillo de París. La verdad era que me encantaba divertirme, y acumulaba montones de ropa, joyas y cosas bonitas. Tampoco sospechaba que no sería emperatriz para siempre…

Lo nuestro fue más bien una relación a distancia. Y, como en nuestra época no existía el teléfono, nos enviábamos cartas de lo más apasionadas y románticas. Sobre todo Napoleón, que siempre llevaba encima un retrato mío y al que le encantaba escribir cosas como: «No ha pasado ni un día en el que no te haya amado». Así, las guerras eran más llevaderas.

Sin embargo, a los seis años de matrimonio nos separamos. Josefina era seis años mayor, tenía dos hijos de su primer matrimonio y no podía tener más. Y yo quería tener descendencia.

Así que me casé con otra mujer, la archiduquesa María Luisa de Austria, con la que tuve un hijo varón.

Pero nunca olvidé a Josefina. Pasé mis últimos días en una cárcel de la isla de Santa Elena, tras ser derrotado por los ingleses, que pusieron fin a mis conquistas. Allí me entretuve escribiendo mis memorias. Y dejé por escrito que nunca había olvidado a mi primera esposa.

LAZOS FAMILIARES

La segunda esposa de Napoleón, la archiduquesa María Luisa de Austria, era bisnieta de María Antonieta, la mujer del rey Luis XVI de Francia. La pareja reinaba cuando estalló la revolución y ambos fueron decapitados en la guillotina. Así pagaron por muchos años de vida frívola en el inmenso palacio de Versalles, donde derrochaban el dinero en caprichos mientras la gente se moría de hambre. Se cuenta que María Antonieta llegó a decir: «Si no tienen pan, que coman pasteles».

FICHA PERSONAL

Nombre: Napoleón Bonaparte y Josefina Beauharnais.

Época: 1769-1821 (Napoleón), 1763-1814 (Josefina).

Dirección: París (Francia).

Nacionalidad: corso y francesa.

Ocupación: emperadores de Francia.

Logros de la pareja: ser uno de los matrimonios más poderosos de su época.

UN PERSONAJE PECULIAR

¿Sabías que Napoleón tenía fobia a los gatos, que no soportaba las puertas abiertas y que dormía solo cuatro horas cada noche?

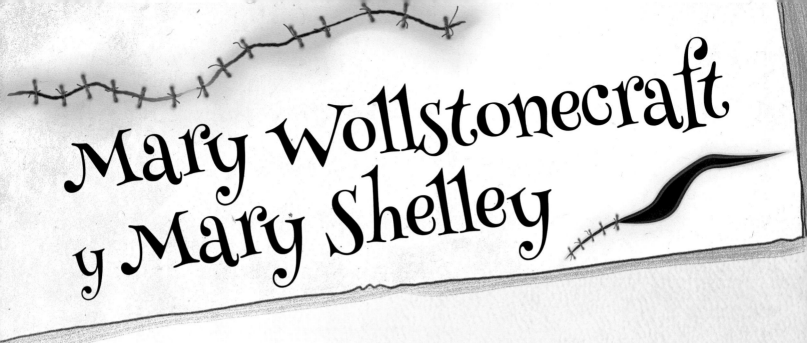

Mary Wollstonecraft y Mary Shelley

Nací en Londres en 1759 y tuve que trabajar desde muy joven porque, siendo yo niña, mi padre se gastó todo el dinero de la familia. Desempeñé los trabajos típicos de las señoritas de mi época: costurera, institutriz y dama de compañía. Pero yo era una joven culta, inteligente y con las ideas muy claras: quería ser escritora y ganarme la vida con ello. Y me empeñé tanto que… ¡lo conseguí! Fui autora de novelas, cuentos, ensayos y un libro de literatura infantil.

Mi libro más famoso me convirtió, además, en una pionera del feminismo. Se titulaba *Vindicación de los derechos de la mujer* y en él defendía que las mujeres debían tener acceso a la educación (cosa que no ocurría en mi época, donde solo se nos permitía cuidar del hogar y arreglarnos para estar bellas), porque eso haría que la sociedad progresara y todo el mundo fuera más feliz. Por desgracia, mi vida terminó con tan solo 38 años, cuando fallecí al dar a luz a mi hija Mary.

Mary Wollstonecraft

Nací en Londres y crecí junto a mi padre, que era filósofo. A mamá le habría encantado ver que papá me proporcionó una excelente educación y me dejaba asistir a las tertulias que organizaba con otros intelectuales. En una de ellas me enamoré del filósofo y poeta Percy B. Shelly, y me fui a vivir con él a Italia.

Un verano nos invitaron a pasar las vacaciones en Suiza, en una hermosa mansión junto a un lago. Fue muy divertido porque había otros escritores y todos teníamos una imaginación desbordante. Una noche de tormenta nos pusimos a leer historias de terror, y así fue como se me ocurrió escribir una historia acerca de un científico loco que intenta dar vida a un ser humano de su creación. Esa novela se titulaba *Frankenstein* y tuvo tantísimo éxito que me convirtió en una escritora famosa con tan solo 20 años. ¡Ay, si mamá hubiera estado allí para verlo! Después publiqué otras novelas, así como libros de viajes, relatos y poemas. Me gusta pensar que, aunque no pude crecer junto a mi madre, las dos estuvimos emocionalmente unidas por nuestra gran inteligencia y nuestro amor por la escritura.

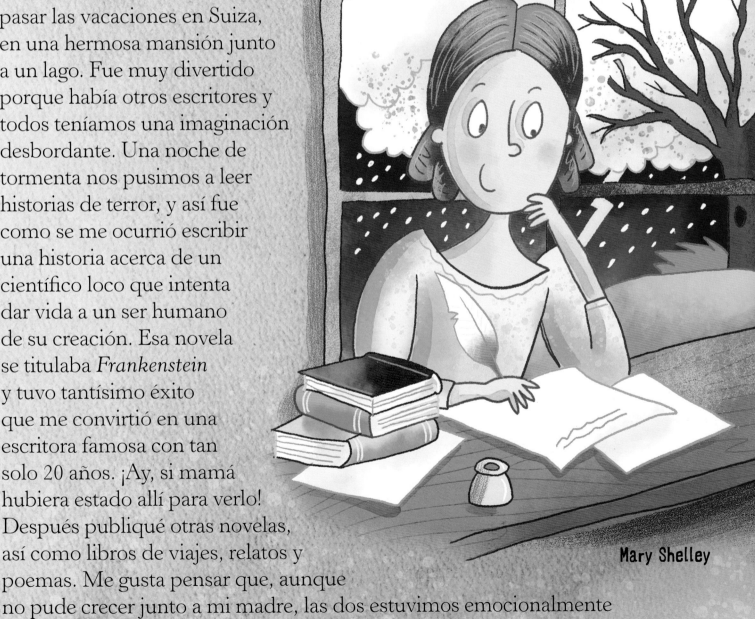

Mary Shelley

FRANKENSTEIN, UN PERSONAJE MÍTICO

¿Has leído la historia de Frankenstein? Aunque es una novela para adultos, existen muchas adaptaciones dirigidas al público infantil. Sí, el protagonista es un ser un tanto monstruoso… ¡pero con un gran corazón y la inocencia de un niño! El personaje se hizo fan famoso que incluso aparece en varias películas, como Frankenweenie (de Tim Burton) o las series Hotel Transylvania y La familia Addams. También es uno de los protagonistas de la colección de libros Todos mis monstruos, donde se llama Frankesteinete.

ASÍ NACIERON LAS NOVELAS DE CIENCIA FICCIÓN

Mary Shelley está considerada como la creadora de un género literario que después se ha hecho famosísimo: la ciencia-ficción. Son historias en las que se mezclan hechos reales y personajes de carne y hueso con elementos fantásticos. Por ejemplo, viajes en el tiempo, civilizaciones extraterrestres o avances científicos asombrosos. ¿Conoces este género? ¿Has leído algún libro de ciencia ficción? Algunos clásicos muy famosos son La historia interminable, de Michael Ende, y la serie de Las crónicas de Narnia, de C. S. Lewis.

FICHA PERSONAL

Nombre: Mary Wollstonecraft y Mary Shelley.

Época: 1759-1797 (Wollstonecraft), 1797-1851 (Shelley).

Dirección: Londres (Reino Unido).

Nacionalidad: británicas.

Ocupación: escritoras.

Logros de la pareja: convertirse en autoras de éxito mundial.

FABRICANDO UN SER VIVO

Victor Frankenstein, el creador del monstruo, representa la actitud ante la ciencia a principios del siglo XIX. Hasta que llega a la Universidad, le fascinan los experimentos de los alquimistas que intentaron convertir los metales en oro y encontrar el elixir de la vida. Luego se pasó a un mundo nuevo en el que se hacían experimentos para fabricar un ser vivo.

Lord Byron y Ada Lovelace

La gente me conoce como Lord Byron, y en mi época fui algo así como… ¡un influencer! Me hice famosísimo por convertirme en el poeta romántico más célebre de todos, y también por mi espíritu aventurero y mis apasionados romances. Nací en Londres y estudié en la Universidad de Cambridge.

Luego, mi carácter apasionado y excesivo me despertó el deseo de ampliar mi mundo, y residí en distintas ciudades de Italia. Más tarde me uní al ejército griego para luchar por la independencia del país frente al Imperio otomano, pero no pude combatir porque contraje una enfermedad infecciosa que me debilitó hasta la muerte. Sin embargo, en Grecia se me consideraba un héroe nacional. En otros aspectos de mi vida no hice las cosas tan bien: no estuve lo bastante presente en la vida de mi hija, a la que dejé de ver tras la separación entre su madre y yo, cuando abandoné Inglaterra.

Lord Byron

Todo el mundo sabe que mi padre derrochaba carisma, pero… ¡mi madre no le iba a la zaga! Se llamaba Annabella y gracias a ella recibí una educación muy completa. Pronto comencé a colaborar con el matemático Charles Baggage, que había diseñado una curiosa calculadora mecánica.

Así fue cómo llegué a crear el primer algoritmo destinado a ser procesado por una máquina, allá por 1843, por lo que se me considera la primera programadora informática de la Historia.

$$\binom{n+1}{k}^{BK}$$

También fui una visionaria, pues imaginé un futuro en el que las computadoras podrían «pensar». Incluso adiviné que, algún día, los ordenadores podrían componer música.

Ada Lovelace

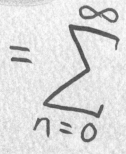

$$= \sum_{n=0}^{\infty}$$

Siempre tuve mala salud y fallecí a los 36 años. Tenía la misma edad que mi padre cuando murió. Y aunque nunca conviví con él, su magnetismo me atraía tanto como a sus numerosos seguidores. Mi último deseo fue ser enterrada junto a él. Y ahora ambos descansamos juntos en una iglesia del condado de Nottinghamshire, en Inglaterra.

PALABRAS PARA ADA

Cuando Ada nació, su padre le escribió un poema que decía así:

Es tu rostro como el de mi madre, ¡mi hermosa niña!
¡Ada! ¿Única hija de mi casa y corazón?
Cuando ví por última vez tus azules ojos jóvenes,
sonrieron,
y después partimos, no como ahora lo hacemos,
sino con una esperanza.
Despertando con un nuevo comienzo,
las aguas se elevan junto a mí; y en lo alto
los vientos alzan sus voces: Me voy,
¿a dónde? No lo sé; pero la hora llegará
cuando las playas, cada vez más lejanas de Albión,
dejen de afligir o alegrar mis ojos.

UNA SAGA CON CARISMA

Lord Byron fue un hombre de llamativas costumbres. Por ejemplo, en su palacio de Venecia montó un «zoo» poblado por decenas de caballos, perros, gatos, monos y aves, incluyendo un águila y un halcón. Pero otros miembros de la familia también destacaron por su carácter intrépido y singular. Por ejemplo, su nieta Lady Anne Blunt (que era hija de Ada) fue una gran viajera que pronto dejó atrás la aburrida Inglaterra victoriana. Junto a su esposo, se marchó a recorrer África compartiendo la vida nómada de los beduinos, y se convirtió en la primera mujer occidental que entró en un harén.

FICHA PERSONAL

Nombre: George Byron y Ada Lovelace.

Época: 1788-1824 (Byron), 1815-1852 (Lovelace).

Dirección: Reino Unido, Italia, Grecia.

Nacionalidad: británicos.

Ocupación: poeta y matemática.

Logros de la pareja: ser referentes en sus respectivas profesiones.

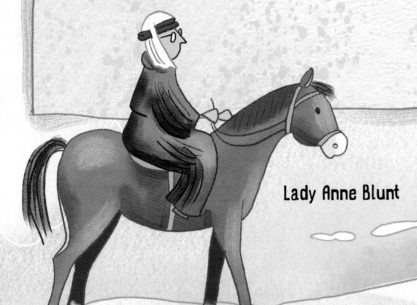

Lady Anne Blunt

LA PASIÓN DE LADY ANNE

El matrimonio de la nieta de Lord Byron estaba destinado al fracaso debido a las continuas infidelidades de su marido. Lady Blunt se separó de él y se instaló definitivamente en una propiedad que compró en El Cairo, donde vivió el resto de su vida hasta que falleció en 1917, feliz cerca del desierto.

Hermanos Grimm

Te suenan los cuentos de *Cenicienta*, *Hansel y Gretel*, *La bella durmiente* o *Caperucita Roja*, ¿verdad? ¡Claro que sí! Millones de niños en todo el mundo han crecido con esas historias. Lo que seguramente no sabías es que llegaron a tus oídos gracias a nosotros.

Somos Jacob y Wilhelm Grimm, más conocidos como «los hermanos Grimm». Y no, no somos los autores de esos cuentos (como mucha gente cree erróneamente). Pero sí que hicimos el trabajo de darlos a conocer.

Hermanos Grimm

Todo comenzó después de estudiar Historia de la Literatura en la Universidad de Marburgo (en Alemania, nuestro país natal). Trabajábamos en una biblioteca, y nos gustaban muchísimo las historias y leyendas populares.

Como en nuestro tiempo no había nada ni remotamente parecido a internet o a los libros que se venden en las librerías hoy en día, esas historias pasaban de boca en boca, de padres a hijos. Así que mucha gente las conocía, pero nadie se había encargado de ponerlas por escrito. Además, cada uno contaba la historia como mejor le parecía, añadiendo o quitando detalles. Eran lo que se llamaba «relatos orales», típicos del folclore o cultura popular.

Nuestro trabajo consistía en ir de un sitio a otro escuchando las historias que nos narraban los lugareños. Luego nos íbamos a casa y las escribíamos en forma de cuentos. Así, al final creamos una sola versión de cada cuento a partir de varias historias similares. Recibimos muchas críticas que decían que algunas cosas eran demasiado fuertes (¡como que un lobo se comiera a siete cabritillos!), pero es que nosotros quisimos ser fieles a lo que la gente nos contaba.

Nuestra recopilación de cuentos se publicó a principios del siglo XIX con el título de *Cuentos infantiles y del hogar*, también conocidos como *Los cuentos de hadas de los hermanos Grimm*, y contenían nada menos que 210 historias. A lo largo de los años siguientes, estos cuentos tuvieron un éxito tan descomunal que fueron traducidos a 160 idiomas y se convirtieron en inspiración para crear numerosos ballets, obras de teatro y películas.

¡Es asombroso pensar que los niños del siglo XXI siguen creciendo con estas historias… aunque nosotros ya no estamos allí para verlo! Es verdad que, con el tiempo, se han suavizado algunos finales porque daban miedo a los más pequeños. Pero todo el mundo sigue reconociendo las historias de *Blancanieves y los siete enanitos*, *Pulgarcito* o *Rapunzel*. ¿Verdad que sí?

UN GRAN EQUIPO DE DOS

Además de su recopilación de cuentos, los Grimm dedicaron muchos esfuerzos a redactar un *Diccionario alemán* que les llevó ¡20 años de trabajo! También fueron autores de una recopilación de leyendas de su país, que se tituló *Leyendas alemanas*. Y es que los dos hermanos amaban las palabras y la magia que pueden crear cuando se combinan. Lo mismo les ocurría a ellos: fueron un gran equipo y les encantaba trabajar juntos.

FICHA PERSONAL

Nombre: Jacob y Wilhelm Grimm.

Época: 1785-1863 (Jacob), 1786-1859 (Wilhelm).

Dirección: A lo largo y ancho de Alemania.

Nacionalidad: alemanes.

Ocupación: filólogos y folcloristas.

Intereses: las ciencias naturales y el cultivo de especies hortícolas.

Logros de la pareja: escribir la recopilación de cuentos infantiles más famosa de la Historia.

CUENTOS DE HADAS DE LOS HERMANOS GRIMM

DE LA INDIFERENCIA DE SUS COLEGAS AL RECONOCIMIENTO PÓSTUMO

Las primeras ediciones de los cuentos de los hermanos Grimm no contenían imágenes, ya que no los publicaron pensando en los niños. Pero luego se dieron cuenta de que los más pequeños se quedaban fascinados con las historias, y comenzaron a editar álbumes ilustrados. Mucho tiempo después llegaron las películas de Disney, y hoy en día resulta imposible pensar en estos cuentos y no recordar las escenas de *Cenicienta*, *Blancanieves* o la más reciente *Enredados* (que cuenta la historia de Rapunzel).

Verlaine y Rimbaud

Paul
Verlaine

A mediados del siglo XIX, yo vivía en París, donde era un escritor muy reconocido. Se me consideraba el poeta más destacado del movimiento simbolista. Eso quiere decir que, en mis poemas, utilizaba símbolos para transmitir sensaciones. Por ejemplo, podía hablar de un pájaro para referirme a la libertad, o de un paisaje oscuro y solitario para transmitir melancolía.

Pero un buen día recibí una carta de un tal Arthur Rimbaud, un joven que me enviaba sus poemas… y me dejó deslumbrado. ¡A mí, el maestro! Así que lo acogí en mi casa, donde yo vivía muy tranquilo junto a mi esposa. Ay, no sospechaba que me iba a poner la vida patas arriba. Pero es que era imposible resistirse al encanto de Rimbaud. ¡Era atractivo, inteligente y osado como ninguno! Yo le admiraba muchísimo y me sentía muy atraído por él. Aunque, en nuestra época, el amor entre dos hombres estaba muy mal visto.

Arthur Rimbaud

Nací en Charleville, Francia, en 1854. Dicen de mí que fui un niño precoz de inteligencia superdotada, y lo cierto es que con 10 años ya escribía poesía. También era tremendamente rebelde e inconformista, y lo único que quería era fugarme de casa e irme a París, porque quería entrar en el círculo de los escritores y poetas bohemios. ¡Soñaba con ser uno de ellos! Así que con 17 años escribí a Paul Verlaine, que era uno de los más famosos. Le gustaron tanto mis poemas que me invitó a vivir en su casa. ¡Al fin pude dar rienda suelta a mis ganas de disfrutar de la vida y escribir poesía! Aunque, la verdad, no se puede decir que hiciera muchos amigos en París. Creo que los otros poetas me consideraban demasiado sincero y extravagante para admitirme en su círculo. Pero así era yo… ¡El *enfant terrible* que nunca se mordía la lengua!

Para vivir libremente nuestro amor nos marchamos juntos a Londres y luego a Bruselas. La verdad es que la nuestra fue una historia turbulenta, porque ambos éramos muy pasionales y nos despertábamos sentimientos intensos que nos servían de inspiración para escribir poesía.

Pero a veces actuábamos de una forma tonta e irracional. Tanto es así que un día nos enzarzamos en una pelea y Verlaine me hirió en la muñeca. Lo llevaron a la cárcel y así fue cómo se acabó nuestra relación.

Años después, al salir de prisión, Verlaine siguió escribiendo poesía y publicó su obra más famosa: *Los poetas malditos*. Rimbaud regresó a la casa familiar de Charleville, donde escribió su única obra publicada en vida, la colección de poemas en prosa *Una temporada en el infierno*, que está considerada como uno de los mejores ejemplos del simbolismo moderno. Después, su espíritu inquieto lo llevó a abandonar la escritura y aventurarse en África, donde se dedicó al comercio de marfil, oro y café. Hasta que un fuerte dolor en la pierna lo hizo regresar a Francia, donde falleció por un cáncer de huesos con tan solo 37 años.

¿QUIÉNES FUERON LOS POETAS MALDITOS?

La «pandilla literaria» de Verlaine y Rimbaud estaba compuesta por un grupo de poetas que vivieron en el París del siglo XIX, y a los que les encantaba saltarse las normas y vivir la vida intensamente, para luego plasmar sus sentimientos por escrito. Como estaban un poco marginados de la sociedad (¡cosa que les encantaba!) adoptaron ese apodo de «malditos». Estos poetas influyeron en muchos otros artistas de las letras, el arte y la música del siglo XIX en adelante, que adoptaron su manera de vivir al margen de los convencionalismos.

FICHA PERSONAL

Nombre: Paul Verlaine y Arthur Rimbaud.

Época: 1844-1896 (Verlaine), 1854-1891 (Rimbaud).

Dirección: París, Londres y Bruselas.

Nacionalidad: franceses.

Ocupación: poetas.

Logros de la pareja: máximos exponentes de la poesía simbolista.

¿Sabías que...

Muchos poemas de Rimbaud se han perdido, pues solía escribirlos en las palmas de las manos de la gente.

EN LA PANTALLA GRANDE

Hay una película de 1995 que narra la turbulenta historia de los dos poetas, con Leonardo DiCaprio en el papel de Rimbaud. Lleva el título original de *Total eclipse* (conocida como *Vidas al límite* en España, *Eclipse en el corazón* en México y *El fuego y la sombra* en Argentina) y está dirigida por Agnieszka Holland.

Hermanos Lumière

Érase una vez dos hermanos llamados Auguste y Louis Lumière, que nacieron a mediados del siglo XIX en una pequeña ciudad francesa. ¡Nosotros! Los dos teníamos en común el ser muy curiosos, hacíamos cosas sorprendentes cuando estábamos juntos. Como por ejemplo, jugar con un invento que había en el laboratorio fotográfico de nuestro padre. Se trataba del kinetoscopio, que permitía ver imágenes en movimiento dentro de una caja.

Antes del cine

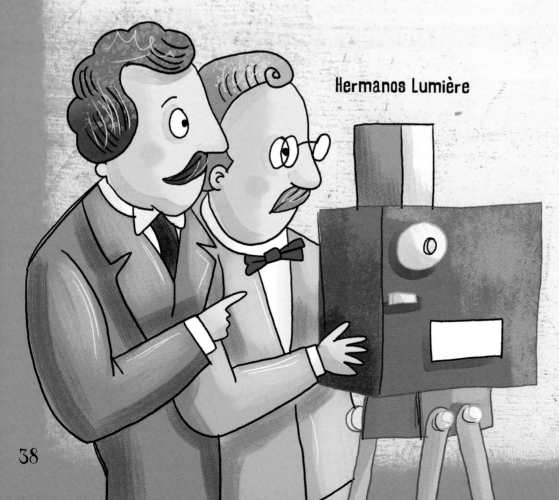

Hermanos Lumière

Aquel aparato era increíble, pero nosotros queríamos mejorarlo, y lo conseguimos: inventamos el cinematógrafo. Se trataba de una caja de madera con un objetivo y una manivela que permitía grabar imágenes y proyectarlas en una pantalla.

Así creamos la primera película de la historia, que se titulaba *La salida de los obreros de la fábrica Lumière* y duraba tan solo 46 segundos.

Luego alquilamos un local en París que se llamaba Salon Indien y se encontraba en el sótano de un café. Y allí, el 28 de diciembre de 1895, organizamos la primera sesión de cine de la historia. La entrada costaba un franco y la proyección duraba 30 minutos e incluía unas 12 películas cortas. Una de ellas mostraba un tren entrando a la estación, y los espectadores gritaron de terror cuando vieron que aquel vehículo… ¡parecía salirse de la pantalla e ir a estrellarse contra ellos! La verdad es que no confiábamos en que el cine interesara a mucha gente, y el primer día solo acudieron 35 personas. Pero a partir del segundo se formaron colas interminables. ¡Todo el mundo quería disfrutar de nuestro sorprendente y moderno espectáculo!

El éxito fue tan grande que abrimos nuevas salas y enseñamos a otros profesionales a usar el cinematógrafo para que se marcharan por el mundo a rodar películas. Sin embargo, acabamos cansándonos de nuestro propio invento, porque creíamos que eso del cine no tenía mucho futuro.

Tras varios años proyectando películas, siguieron caminos separados, aunque tan creativos como siempre. Louis se puso al frente de los negocios familiares y se dedicó a experimentar con el color en las imágenes y a probar distintos tipos de pantallas. Más tarde se lanzó a inventar objetos de lo más curiosos, como un aceite anticongelante o ¡una mano artificial! En cuanto a Auguste, se alejó por completo del cine y montó un centro de investigación junto con un equipo de médicos que exploró nuevos tratamientos para diversas enfermedades. Sin duda, los hermanos Lumière serán recordados como los inventores del cine, pero también merecen un reconocimiento por las muchas otras cosas buenas que aportaron a la humanidad.

ALICE GUY, LA PRIMERA DIRECTORA DE CINE

Entre los espectadores de aquella primera proyección de los hermanos Lumière había una muchacha francesa llamada Alice Guy, que trabajaba como secretaria en una empresa de fotografía. Enseguida comprendió que aquel invento era una herramienta maravillosa para contar historias, y logró que sus jefes le permitieran empezar a rodar sus propias películas. En 1896 dirigió el primer filme de ficción de la historia, que duraba poco más de un minuto y se titulaba *El hada de los repollos*. Más tarde emigró a Estados Unidos, creó su propia productora y dirigió cientos de títulos. Además, introdujo el uso del color y los efectos especiales. Sin embargo, con el tiempo, su nombre cayó en un injusto olvido, aunque en los últimos años se le está devolviendo el lugar de honor que merece.

FICHA PERSONAL

Nombre: Auguste y Louis Lumière.

Época: 1862-1954 (Auguste), 1864-1948 (Louis).

Dirección: París (Francia).

Nacionalidad: franceses.

Ocupación: inventores.

Logros de la pareja: crear el cinematógrafo, aparato que dio lugar a la industria del cine.

GEORGE MÉLIÈS Y LA MAGIA DEL CINE

El otro personaje que supo ver las posibilidades del cinematógrafo de los Lumière fue un hombre llamado Georges Méliès. Como tenía mucha imaginación y era mago profesional, comenzó a rodar historias fantásticas con sorprendentes efectos especiales, como *Viaje a la Luna*. Llegó a crear casi 400 películas y pasó a la historia como el primer director de cine… Al menos, hasta que se rescató la memoria de Alice Guy, que comenzó a rodar sus películas un poco antes que Méliès.

Virginia Woolf y Vanessa Bell

Virginia Woolf

Nací en Londres en la llamada época victoriana, cuando las niñas no solían ir a la escuela. Pero tuve la suerte de crecer en un ambiente culto e intelectual, con acceso a la excelente biblioteca de mi padre y visitas de artistas amigos de mi madre, que era modelo de pintores. Desde bien pequeña me encantaba escribir, y a lo largo de mi vida publiqué novelas, cuentos, una obra de teatro, ensayos, diarios y cartas.

Mi manera de escribir era muy original: mostraba el monólogo interior de mis personajes. Y además, escribir me ayudaba a sobrellevar mis continuas depresiones. La verdad es que no fui muy feliz…

Virginia Woolf

Casi todos me conocieron por ser «la hermana mayor de Virginia». Pero eso no me molesta, porque también fuimos íntimas amigas y confidentes. Sobre todo, tras la muerte de nuestra madre, cuando adopté el papel de cuidadora de la familia. Mis amigos me apodaron «la santa» por mi carácter dulce y generoso.

Sin embargo, fui una mujer muy poco convencional. Aunque no era habitual en mi época, siempre alimenté mi pasión por el dibujo y la pintura, que estudié en la prestigiosa Royal Academy de Londres. Yo misma ilustré las cubiertas de los libros de Virginia, y también destaqué como fotógrafa e interiorista. Pero, sobre todo, fui la pintora que introdujo el impresionismo en Inglaterra.

Vanessa Bell

Tras la muerte de nuestros padres, nos mudamos junto a nuestros dos hermanos al barrio londinense de Bloomsbury, ¡justo al lado del Museo Británico! Nuestra casa se convirtió en centro de reunión de un grupo de artistas e intelectuales que pasaron a la historia como el Círculo de Bloomsbury. Virginia se casó con uno de ellos, el escritor y economista Leonard Woolf. Juntos crearon la editorial Hogarth Press, donde editaron la obra de la propia Virginia y otros autores.

«UNA HABITACIÓN PROPIA»

El libro más famoso de Virginia es un ensayo titulado *Una habitación propia*, en el que escribió: «Una mujer debe tener dinero y una habitación propia si va a escribir ficción». En su época, la inmensa mayoría de las mujeres solo podían ser madres y amas de casa porque no se les permitía acceder a la educación. Woolf inventó un personaje llamado Judith, supuesta hermana de Shakespeare, que no pudo desarrollar su talento. «Tenía el mismo espíritu de aventura, la misma imaginación, la misma ansia de ver el mundo que él. Pero no la mandaron a la escuela…».

Una habitación propia

FICHA PERSONAL

Nombre: Virginia Woolf y Vanessa Bell.

Época: 1882-1941 (Virginia), 1879-1961 (Vanessa).

Dirección: Barrio de Bloomsbury, Londres.

Nacionalidad: británicas.

Ocupación: escritora (Virginia) y pintora (Vanessa).

Logros de la pareja:
ser artistas innovadoras.

UN GRUPO DE REBELDES

Entre los miembros del Círculo de Bloomsbury estaban el escritor E.M. Forster, el economista John Maynard Keynes y los filósofos Bertrand Russell y Ludwig Wittgenstein. Todos procedían de la Universidad de Cambridge. A estos intelectuales les aburría muchísimo la moral victoriana y solían hablar de temas como el pacifismo o la libertad individual. Pero a pesar de ser tan modernos, no querían admitir a mujeres en el grupo, salvo Virginia y Vanessa. No obstante, entre sus amistades había artistas tan talentosas como la pintora y decoradora Dora Carrington o las escritoras Katherine Mansfield y Vita Sackville-West.

Eduardo VIII y Wallis Simpson

Eduardo VIII

Nací a finales del siglo XIX con un destino clarísimo. ¡Tenía que convertirme en rey de Inglaterra! Para eso me educaron mis padres, los reyes Jorge V y María. Pero la verdad es que yo nunca tuve mucha vocación de rey. Tengo que reconocer que siempre me gustó pasarlo bien y era tan sociable como poco amigo de las responsabilidades. Un día conocí a una mujer de la que me enamoré perdidamente. Se llamaba Wallis, era estadounidense y se había divorciado dos veces. Vamos, que no se parecía nada al tipo de chica que mis padres hubieran elegido para mí, pero yo me empeñé en casarme con ella. Era la única mujer que se había interesado por quién era yo verdaderamente. Y no estaba dispuesto a renunciar a ella.

Procedo de una elegante familia de Baltimore (Estados Unidos), y estudié en una escuela para niñas ricas donde ya destacaba por lo inteligente que era y lo elegante que vestía. Lo cierto es que desde pequeña llamaba la atención allá donde iba. Con mi segundo esposo me trasladé a vivir a Inglaterra, donde comenzamos a codearnos con la aristocracia y a asistir a eventos elegantes, como cócteles de gala, partidos de polo, carreras de caballos y cacerías. En una de estas conocí a Eduardo, y en seguida me enamoré de él. A partir de entonces, todo el mundo empezó a opinar sobre mí. Unos decían que era simpática y divertida, ¡el alma de las fiestas! Pero la mayoría aseguraban que era fría y calculadora, e incluso que, en realidad, era una espía secreta. La verdad es que nadie me quería como reina… excepto Eduardo.

A principios de 1936, el rey Jorge V murió. Su hijo subió al trono con el nombre de Eduardo VIII y anunció que se casaría con Wallis. Pero el Parlamento de Inglaterra, que era muy conservador, no autorizó la boda. Así que Eduardo renunció al trono después de cumplir solo 10 meses de reinado. En su discurso de abdicación aseguró: «Tienen que creerme cuando les digo que sin la ayuda y el apoyo de la mujer que amo me resultaría imposible cumplir con mis deberes de rey».

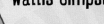

Wallis Simpson

La pareja se casó en París, donde se quedaron a vivir porque la familia real no les permitió volver a Inglaterra. Fueron conocidos desde entonces como los duques de Windsor, y llevaron una vida relajada, entre fiestas, viajes y compras. Hay quien dice que debían de aburrirse muchísimo, aunque a ellos les encantaba conocer gente, vestir bien y acudir a eventos. No tuvieron hijos y pasaron juntos el resto de su vida. Eduardo murió en 1972 y fue enterrado en el cementerio de Windsor (Inglaterra), donde se encuentra uno de los palacios reales. Wallis le acompañó 14 años después. Al final se reunieron en el país del que, según el destino, tenían que haber sido reyes.

Jorge VI

Isabel II

ADIÓS EDUARDO VIII, HOLA JORGE VI

Cuando Eduardo VIII renunció al trono, su hermano menor asumió el inesperado papel de rey. Fue coronado con el nombre de Jorge VI y, aunque al principio era un hombre tímido que sufría cuando tenía que dar discursos porque era tartamudo, el pueblo inglés lo recordó como un rey honesto y generoso. Le sucedió en 1952 su hija Isabel II, reina hasta su fallecimiento en 2022.

FICHA PERSONAL

Nombre: Eduardo VIII y Wallis Simpson.

Época: 1894-1972 (Eduardo), 1896-1986 (Wallis).

Dirección: Londres y París.

Nacionalidad: inglés y norteamericana.

Ocupación: aristócratas.

Logros de la pareja: renunciar al trono de Inglaterra por amor.

NO HAY MAL QUE POR BIEN NO VENGA

La abdicación de Eduardo VIII asombró al mundo entero porque nunca se había visto que un rey renunciara a la corona por amor, pero la verdad es que todos a su alrededor suspiraron de alivio. El padre de Eduardo reconocía que su hijo no tenía cualidades para ser un buen rey. Y el primer ministro, que se llamaba Winston Churchill, dijo que «todas las ciudades del mundo deberían hacerle un monumento a Wallis Simpson»... para agradecerle que hubiera salvado a Inglaterra del pésimo rey que hubiera sido Eduardo.

Gertrude Stein y Alice B. Toklas

Nací en Pensilvania (Estados Unidos) en una rica familia judía. De joven empecé a estudiar la carrera de Medicina, pero no llegué a terminarla porque me sentía incomprendida en el ambiente universitario de mi país. Así que a principios del siglo XX me instalé en París con mi hermano. ¡Allí me sentí como una flor que florece! Aprendí que a veces tenemos que irnos lejos para encontrar nuestro destino.

Pensilvania

ESTADOS UNIDOS

Decidí dedicar mi parte de la fortuna familiar en convertirme en coleccionista de arte y protectora de grandes artistas. Además, conocí a la que sería mi pareja para siempre, Alice B. Toklas. Juntas organizamos unas famosas tertulias en las que reuníamos a escritores como Ernest Hemingway o Francis Scott Fitzgerald y pintores como Picasso y Matisse. Y además escribía mis propios libros, como novelas y obras de teatro. El que más éxito tuvo se llamaba *Autobiografía de Alice B. Toklas*, aunque no lo escribió ella sino yo. ¡Me gustaba crear cosas sorprendentes y tenía un estilo muy personal!

Gertrude Stein

Yo también nací en una familia judía de Estados Unidos (concretamente en la ciudad de San Francisco) y estudié música cuando era joven. Después me mudé a París, y el mismo día que llegué conocí a Gertrude, con la que tantas cosas tenía en común. Fuimos pareja, amigas y confidentes durante el resto de nuestra vida.

Alice B. Toklas

FRANCIA

Yo, que era discreta y tranquila, estaba siempre en un segundo plano. ¡Lo que más me gustaba era cocinar para nuestros amigos! Nadie esperaba que, ocho años después de la muerte de Gertrude Stein, yo publicara mi propio libro de recetas y memorias, que se titulaba *El libro de cocina de Alice B. Toklas* y que tuvo un enorme éxito.

Juntas, formamos una pareja sorprendente. Vivíamos en una época en la que las mujeres estaban destinadas a casarse y ser amas de casa. Y, sin embargo, nosotras éramos intelectuales, independientes y libres. No nos daba ninguna vergüenza reconocer que estábamos enamoradas, aunque en nuestros tiempos la sociedad no permitía las uniones entre personas del mismo sexo. Sin embargo, nosotras vivimos juntas hasta la muerte de Gertrude.

Más tarde, Alice vivió sola durante veinte años más, rodeada de recuerdos de su feliz vida en común y dedicándose, como siempre, a coleccionar arte, organizar tertulias y escribir. Ambas están enterradas en el cementerio más célebre de París, el Père-Lachaise.

SÁBADOS DE TERTULIA

Los sábados eran día de tertulia en la casa parisina de Gertrude y Alice, que compartieron entre 1903 y 1933. Allí acudían los artistas más famosos de la época. «Cada vez más frecuentemente, numerosas personas comenzaron a visitarme para ver las pinturas de Matisse y Cézanne: Matisse atrajo a la gente, todos invitaron a alguien y comenzaron a venir en cualquier momento, lo que se convirtió en una molestia y fue de esta manera que se iniciaron las reuniones de los sábados por la noche», escribió Gertrude.

FICHA PERSONAL

Nombre: Gertrude Stein y Alice B. Toklas.

Época: 1874-1946 (Gertrude), 1877-1967 (Alice).

Dirección: París.

Nacionalidad: norteamericanas.

Ocupación: escritoras y coleccionistas de arte.

Logros de la pareja: ayudar a triunfar a toda una generación de artistas.

UNA MECENAS CON BUEN OJO...

Gertrude no ha pasado a la Historia como una gran escritora. La verdad es que sus libros resultan algo extraños y complicados. Sin embargo, era una gran mecenas que tenía el don de descubrir el potencial de muchos artistas. Por ejemplo, ayudó a Picasso desde que empezó a pintar cuadros cubistas hasta que se convirtió en un pintor famoso. También animó a escribir a Ernest Hemingway, quien luego se convertiría en uno de los escritores más importantes de la que la propia Gertrude llamó «la Generación Perdida».

Robert Capa
(Endre Friedmann y Gerda Taro)

¡CLICK!

Me llamo Endre Friedmann, pero reconozco que mi nombre no le suena a casi nadie. La razón es que me hice famoso gracias al seudónimo de Robert Capa. Pero antes de contar esa historia me voy a presentar. Nací en una familia judía y acomodada de Budapest (Hungría) a principios del siglo XX. Mi madre era diseñadora de moda y mi padre un intelectual muy refinado. Pero perdimos nuestra fortuna y luego tuve que huir a París huyendo de los nazis, que nos hacían la vida imposible a los judíos. Y allí es donde conocí a la mujer de mi vida, que sería mi esposa y mi compañera de trabajo hasta la muerte. Se llamaba Gerda Taro y ahora mismo os va a saludar.

Endre Friedmann

54

Gerda Taro

I gual que Endre, nací en una distinguida familia judía de principios del siglo xx, solo que en Alemania. Y por eso, yo también tuve que marcharme de mi país cuando los nazis comenzaron a hacerse con el poder. Mi destino fue París, una ciudad excitante para una muchacha intrépida y curiosa como yo. Allí conocí a Endre, y enseguida nos convertimos en pareja sentimental y profesional. A los dos nos apasionaba la fotografía, pero había un problema. Éramos extranjeros y judíos, y nadie nos tomaba muy en serio. A mí, porque era mujer en una época donde a la mayoría de mujeres no se les permitía tener una carrera. Y a él, porque tenía un aspecto demasiado bohemio. Por suerte tuve una idea genial, y así fue como nació…

La verdad es que Robert Capa ¡nunca existió! Se trataba de un personaje inventado por Gerda. Supuestamente era un elegante fotógrafo norteamericano de gran talento que era demasiado tímido para mostrar su trabajo. En realidad, las fotos las tomaba Endre. Luego, Gerda fingía ser la agente del misterioso Capa y vendía las imágenes a los editores de los periódicos por cifras astronómicas.

Robert Capa

Más tarde emprendimos un trabajo más serio: nos convertimos en corresponsales de guerra y decidimos fotografiar el avance del bando republicano en la Guerra Civil española (1936-1939). Nuestras imágenes llegaban al corazón porque no solo mostraban a los soldados en plena lucha, sino también la desolación de la gente y las ruinas de los pueblos que quedaban arrasados por la guerra. Una de las fotos que tomamos se titulaba *Muerte de un miliciano* e hizo famoso el nombre de Robert Capa en el mundo entero.

Muerte de un miliciano.

Lamentablemente, mientras Gerda se encontraba en el frente de batalla, fue arrollada por un tanque que acabó con su vida en 1937. Tenía solo 27 años… Pensaba regresar a Francia al día siguiente, donde la esperaba su esposo, que se quedó desolado. Con el tiempo, Ender se recuperó y siguió disparando su objetivo. Fotografió la II Guerra Mundial y creó junto a otros colegas la agencia de fotografía Magnum, que se convirtió en la más prestigiosa del mundo. Ironías del destino, murió por un accidente en medio de una guerra (la de Indochina), al igual que Gerda.

GERDA, LA PIONERA

Gerda Taro está considerada la primera mujer que ejerció como fotógrafa de guerra… y también la primera que murió realizando ese trabajo. Era una joven decidida e independiente con mucho talento, aunque durante muchos años se creyó que Robert Capa era el seudónimo de Endre y que ella era únicamente su pareja y su agente.

FICHA PERSONAL

Nombre: Endre Friedmann y Gerda Taro.

Época: 1913-1954 (Endre), 1919-1937 (Gerda).

Dirección: París (Francia).

Nacionalidad: húngaro y alemana.

Ocupación: fotógrafos.

Logros de la pareja: inventaron el personaje de Robert Capa y lo convirtieron en el fotoperiodista más famoso de su época.

UN NOMBRE RESULTÓN

Gerda y Endre buscaban un nombre que sonara bien y fuera fácil de memorizar para su fotógrafo ficticio. Eligieron Robert porque les gustaba mucho un actor de la época llamado Robert Taylor. Y el apellido de Capa fue un homenaje al director de cine Frank Capa, uno de los favoritos de la pareja.

Robert Taylor

Frank Capa

Hans y Sophie Scholl

Nací en 1918 en una familia numerosa de Alemania. A nuestro padre no le gustaba nada Adolf Hitler, que era el líder del Partido Nacional Socialista Obrero Alemán, conocido como partido nazi. En 1934 fue nombrado Führer (presidente) del país y se convirtió en un dictador que pretendía controlar a todo el mundo y castigar a los que no pensaban como él. Pero yo, cuando era adolescente, lo admiraba mucho y entré a formar parte de las Juventudes Hitlerianas, donde pronto me convertí en líder de 160 muchachos.

Hans Scholl

Después estudié Medicina en la Universidad de Múnich, y ahí fue donde me di cuenta de que los nazis eran, en realidad, una gente violenta y racista. ¡Qué furioso me puse cuando encarcelaron a mi padre solo por hablar mal del dictador!

Sophie Scholl

Nací en 1921 y desde pequeña disfruté de la naturaleza, el arte, el deporte y la música. ¡También me encantaban los niños! Estudié Filosofía y Biología en la Universidad de Múnich, donde fui muy feliz con el círculo de amigos que compartía con mi hermano Hans. Como él, yo también me uní al grupo de simpatizantes del nazismo siendo muy joven, cuando entré en la Liga de Muchachas Alemanas. Pero, al igual que Hans, no tardé en cambiar por completo de opinión al darme cuenta de lo mal que trataban los nazis a nuestros amigos judíos y artistas. ¡Querían exterminarlos y los enviaban a campos de concentración! Y encima provocaron la II Guerra Mundial…

En 1942 decidimos que teníamos que hacer algo para detener a los nazis y creamos, junto a otros compañeros de la universidad, un pequeño grupo de resistencia pacífica al que bautizamos como «la Rosa Blanca». ¡Teníamos que denunciar las injusticias de los nazis y exigir el final de la guerra! La humanidad merecía vivir una vida feliz y tranquila. Así que imprimimos en secreto seis panfletos contra Hitler y nos dedicamos a repartirlos por los buzones, las cabinas de teléfono y otros lugares públicos de Múnich. Nos daba mucho miedo, pero no podíamos quedarnos callados ante tanta injusticia.

El problema fue cuando decidimos que el sexto panfleto lo repartiríamos en la universidad. Fuimos dejándolos en lugares visibles, hasta que un conserje nos descubrió y avisó a la Gestapo, que era la policía de los nazis y que vino a detenernos. Nos llevaron a juicio y nos condenaron a la guillotina por «traición contra el Estado y el Führer». ¿Y sabes cuáles fueron nuestras últimas palabras? Sophie dijo: «Qué día tan lindo y soleado, y debo marcharme... ¿Qué importa mi muerte si, gracias a nosotros, miles de personas despertaron y decidieron actuar?». Y Hans exclamó: «¡Viva la libertad!».

ALEMANIA

HÉROES NACIONALES

Aunque Hans y Sophie Scholl no son muy conocidos fuera de Alemania, en su país están considerados como unos héroes nacionales por su ejemplo de resistencia pacífica. Cientos de calles y escuelas llevan su nombre, y existe una plaza conmemorativa en la Universidad de Múnich que lleva el nombre de Plaza Hermanos Scholl. Allí se pueden ver unas réplicas en bronce de los panfletos de la Rosa Blanca, justo en el mismo lugar donde cayeron al suelo cuando los hermanos fueron detenidos por la Gestapo.

Memorial en honor a Hans y Sophie Scholl en la Universidad de Múnich

FICHA PERSONAL

Nombre: Sophie y Hans Scholl.

Época: 1918-1943 (Hans), 1921-1943 (Sophie).

Dirección: Múnich (Alemania).

Nacionalidad: alemanes.

Ocupación: activistas por la paz y la justicia.

Logros de la pareja: oponerse heroicamente al régimen nazi.

UNA HISTORIA DE PELÍCULA

La vida de los hermanos Scholl parece sacada de una película, ¿verdad? Pero, como se suele decir, en muchas ocasiones la realidad supera a la ficción. Y hay historias reales que se transforman en películas que nos aportan grandes lecciones de vida. Por eso, el director alemán Marc Rothermund rodó en el año 2005 la película *Sophie Scholl (Los últimos días)*, que cuenta la historia de la Rosa Blanca y sus valientes miembros.

Salvador Dalí y Gala

Salvador Dalí

$M$is padres me pusieron el mismo nombre que a mi hermano mayor, fallecido poco antes de nacer yo. Hay quien dice que, por esa razón, yo no sabía muy bien quién era y me volví extravagante y provocativo desde pequeño. Lo que tengo claro es que siempre me gustó pintar, sobre todo cuando iba con mis padres a nuestra casa de verano en Cadaqués, un pueblo muy cercano a mi Figueras natal. Pero mi felicidad se vio truncada cuando mi madre murió cuando yo tenía solo 16 años.

Mi padre quería que estudiara una carrera, pero luego comprendió que lo único que me hacía feliz era la pintura y organizó mi primera exposición de dibujos.

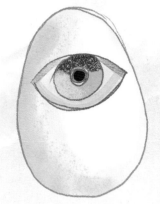

Más tarde me matriculé en la Real Academia de Bellas Artes de San Fernando, que está en Madrid y es la escuela de pintura más prestigiosa de España. Vivía en la no menos famosa Residencia de Estudiantes, donde me hice íntimo amigo del poeta Federico García Lorca.

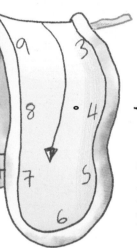

Pero a mí me parecía que sabía más de pintura que alguno de los profesores, y no paraba de protestar. Al final… me expulsaron.

Entonces me marché a París, donde entablé amistad con los pintores Pablo Picasso y Joan Miró. Gracias a ellos empecé a interesarme por el surrealismo, que es un estilo de pintura que no plasma la realidad, sino que muestra símbolos, paisajes extraños y escenas como de sueños.

¡A mí me encantaba pintar relojes blandos que se derretían! Más tarde incorporé a mis cuadros otros elementos curiosos, como ilusiones ópticas, holografías y figuras geométricas. En esta época conocí a la única persona que supo entenderme y complementarme: mi esposa, Gala.

Mi verdadero nombre era Elena Diakonova, pero era difícil de pronunciar para los que no eran rusos como yo. Nací a finales del siglo XIX en una familia muy culta e intelectual. En mi juventud me trasladé a París, donde entré a formar parte del movimiento surrealista. Durante unas vacaciones en España con algunos de estos artistas conocí a Dalí, del que nunca más me separé. Era extranjera, divorciada y diez años mayor que él, por lo que no caía muy bien a la gente. Y aunque me llamaban su «musa», era mucho más que eso. Fui su compañera, su inspiración, su agente y su administradora. Por eso, algunas de sus obras están firmadas con el nombre de Gala Salvador Dalí.

Gala

LA RESIDENCIA DE ESTUDIANTES

La Residencia de Estudiantes, donde Dalí vivió en su juventud y nació su gran amistad con Federico García Lorca, fue un lugar muy especial. Se trataba del primer centro cultural creado en España (en 1910) y entre sus residentes y visitantes habituales se encuentran muchos de los artistas más importantes del siglo XX. Entre ellos, el cineasta Luis Buñuel, el científico Severo Ochoa, el filósofo José Ortega y Gasset y el poeta Rafael Alberti. Hoy en día sigue abierta al público y organizando conciertos, exposiciones, conferencias o lecturas de poemas.

FICHA PERSONAL

Nombre: Salvador Dalí y Elena Diakonova (Gala).

Época: 1904-1989 (Dalí), 1894-1982 (Gala).

Dirección: Figueras (Girona, España).

Nacionalidad: español y rusa.

Ocupación: pintores y artistas.

Logros de la pareja: convertir a Dalí en uno de los pintores más famosos de su época.

CHUPA CHUPS «MADE IN» DALÍ

Seguro que has visto algunos cuadros de Dalí y hasta podrías reconocerlos sin ver la firma. Pero hay otra obra del pintor catalán que conoces seguro, aunque no lo sepas. ¡Se trata del logotipo del Chupa Chups! Algunos artistas son muy serios y no quieren trabajar con las marcas comerciales, pero a Dalí le encantaba ganar dinero con ese tipo de proyectos. También hizo anuncios para la firma GAP e incluso rodó un corto en colaboración con Disney, aunque al final nunca llegaron a terminarlo.

Martin Luther King y Coretta Scott

Nací en Atlanta (Estados Unidos) en el año 1929. Momento y lugar en los que las personas negras sufrían una terrible discriminación en mi país. Ni siquiera nos permitían sentarnos en el autobús. Teníamos que ceder el asiento a los blancos. ¡Y yo no podía quedarme callado ante tales injusticias! Por eso estudié Teología y fui nombrado pastor de la iglesia baptista. Y decidí que combatiría el racismo siguiendo la misma estrategia que un hombre indio muy sabio llamado Mahatma Gandhi, del cual aprendí a desobedecer las órdenes injustas sin comportarme de forma violenta. Eso es lo que algunos empezamos a hacer en el año 1955, cuando mi compatriota Rosa Parks se negó a ceder su asiento del autobús a un hombre blanco.

Yo invité a los otros negros de la ciudad a no usar el transporte público hasta que esa norma tan injusta fuera abolida. ¡Lo conseguimos un año después! En ese momento empecé a hacerme muy famoso.

Martin Luther King

En 1963 lideré una marcha pacífica por Washington en la que 250 000 personas reclamaron un trato digno para la población negra. Como me encantaba comunicarme con la gente, se me ocurrió un discurso que titulé «I have a dream» (Tengo un sueño). Llegué con él a tantos corazones que al año siguiente, con 35 años, me convertí en la persona más joven en recibir el Premio Nobel de la Paz. Pero, ¿sabes qué? Ninguno de estos logros habría sido posible sin el apoyo y la ayuda de mi esposa, Coretta.

Coretta Scott

Crecí en una granja de Alabama, lo que significa que tenía que ayudar a mi familia a recolectar algodón cuando salía de la escuela. Pero yo era una estudiante brillante y me convertí en la primera mujer negra en obtener el título de maestra de primaria y especialista en música. ¡Ninguna ley obsoleta iba a frenarme! Después obtuve una beca para estudiar violín y canto en el conservatorio de Boston. Y allí es donde conocí a Martin Luther. Nos casamos en 1953 y nos mudamos a Alabama, ciudad en la que fuimos padres de cuatro hijos y formamos un equipo imbatible en la lucha por los derechos de las personas negras.

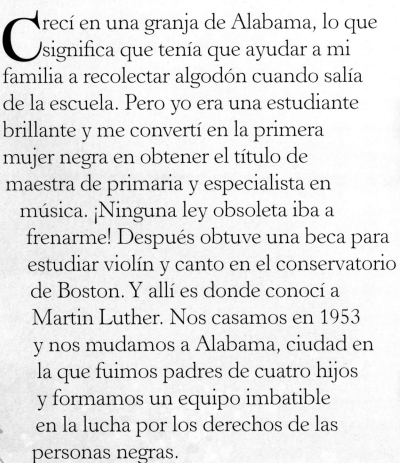

67

A lo largo de sus casi 15 años juntos, se convirtieron en una de las parejas de activistas más famosas del mundo. Martin Luther era el líder, pero Coretta siempre estaba a su lado organizando protestas, movilizaciones y conciertos por la libertad. Además, ella era la voz de las mujeres afroamericanas, que sufrían una doble discriminación y vieron en Coretta la figura femenina fuerte e inspiradora que necesitaban para luchar por sus derechos. El fin de la pareja llegó en 1968, cuando un hombre blanco disparó a Martin Luther en un motel de la ciudad de Memphis, donde se alojaba para encabezar una marcha dos días después. ¿Sabes quién lideró la protesta en su lugar? Coretta, por supuesto.

MI VIDA CON MARTIN LUTHER KING

UNA VIDA DE LUCHA POR LA JUSTICIA

Coretta escribió una autobiografía titulada *Mi vida con Martin Luther King*, donde explicaba que tras la muerte de su marido sintió que debía acabar la tarea que ambos habían comenzado juntos. Y por eso dedicó sus casi 40 años de viudedad a luchar no solo por los derechos de los afroamericanos, sino también los de las mujeres y la comunidad LGTB. Recibió muchos premios y honores en vida y a su entierro acudieron cuatro presidentes de Estados Unidos. ¡Si lo hubieran visto sus abuelos, que fueron esclavos!

FICHA PERSONAL

Nombre: Martin Luther King y Coretta Scott.

Época: 1929-1968 (Martin), 1927-2006 (Coretta).

Dirección: Estados Unidos.

Nacionalidad: norteamericanos.

Ocupación: activistas por los derechos humanos.

Logros de la pareja: acabar con la discriminación de la población afroamericana.

5 FRASES INSPIRADORAS DE MARTIN LUTHER KING:

- Si no puedes volar, entonces corre. Si no puedes correr, entonces camina. Si no puedes caminar, entonces arrástrate. Pero hagas lo que hagas, sigue moviéndote hacia adelante.

- Solo en la oscuridad puedes ver las estrellas.

- Nuestras vidas comienzan a terminar el día en que guardamos silencio acerca de las cosas que importan.

- El amor es la única fuerza capaz de transformar a un enemigo en un amigo.

- La no violencia no solo significa evitar la violencia física, sino también la violencia interna del espíritu. No rechaces solo el disparar a un hombre, sino que niégate a odiarlo.

John Lennon y Yoko Ono

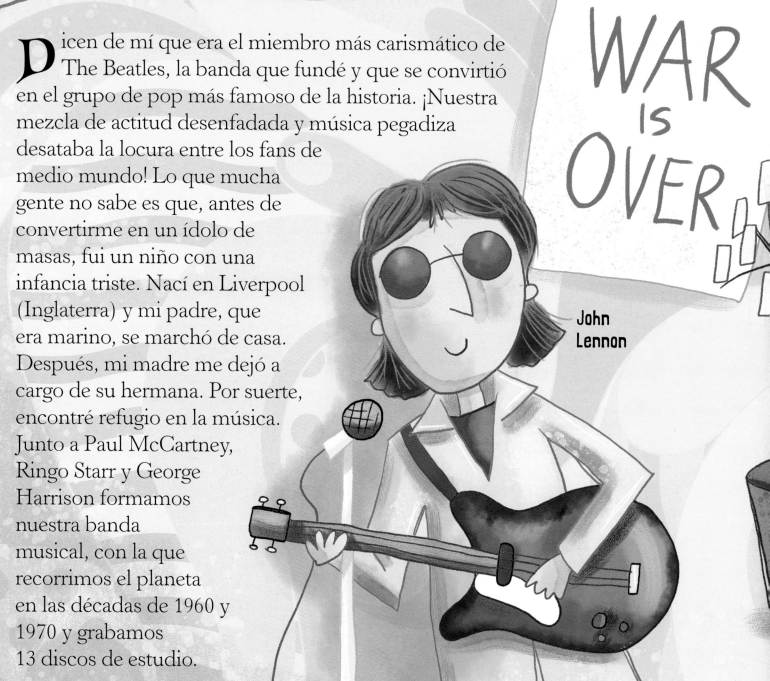

Dicen de mí que era el miembro más carismático de The Beatles, la banda que fundé y que se convirtió en el grupo de pop más famoso de la historia. ¡Nuestra mezcla de actitud desenfadada y música pegadiza desataba la locura entre los fans de medio mundo! Lo que mucha gente no sabe es que, antes de convertirme en un ídolo de masas, fui un niño con una infancia triste. Nací en Liverpool (Inglaterra) y mi padre, que era marino, se marchó de casa. Después, mi madre me dejó a cargo de su hermana. Por suerte, encontré refugio en la música. Junto a Paul McCartney, Ringo Starr y George Harrison formamos nuestra banda musical, con la que recorrimos el planeta en las décadas de 1960 y 1970 y grabamos 13 discos de estudio.

John Lennon

Mi nombre quiere decir «hija del mar» y nací en una rica y acomodada familia de Japón. Mi padre era descendiente del mismísimo emperador. Desde muy pequeña me apasionaron la música, la filosofía y el arte, que estudié en los colegios y universidades más exclusivos. Más tarde me trasladé a Nueva York, donde me convertí en una artista conceptual, lo que significa que experimenté con el vídeo, la poesía o las representaciones artísticas. ¡Lo mío no era pintar paisajes o retratos! Está claro que tenía una manera muy personal de expresarme y no todo el mundo supo entenderme. Incluso, muchos fans de The Beatles me culparon de ser la causante de la ruptura de la banda.

Yoko Ono

Nos conocimos en el año 1966, cuando John fue a visitar una exposición mía en una galería de Londres… ¡y nos enamoramos perdidamente! En 1969 contrajimos matrimonio en Gibraltar. A partir de entonces, además de ser famosos por nuestro trabajo como artistas, nos convertimos en activistas sociales y fuimos pioneros en la defensa de aquellas causas que considerábamos justas, como el pacifismo, el ecologismo y el feminismo.

Tras la separación de The Beatles en 1970, nos instalamos en Nueva York y creamos un grupo llamado Plastic Ono Band. ¡Éramos tan felices creando juntos y disfrutando de la vida junto a nuestro hijo Sean! Hasta que un día, cuando John regresaba a casa, un perturbado le disparó por la espalda. Y a pesar de sentirme más triste e incomprendida que nunca, seguí centrada en la música y el activismo social junto a nuestro hijo Sean.

¿SABÍAS QUE PUEDES «VISITAR» A JOHN?

Yoko esparció las cenizas de John en el Central Park de Nueva York, muy cerca del edificio Dakota, donde vivían. Allí se levantó el monumento conmemorativo Strawberry Fields, en el que siempre hay flores frescas de los fans sobre un mosaico con la palabra *Imagine* («Imagina», título de la canción más famosa de la pareja).

FICHA PERSONAL

Nombre: John Lennon y Yoko Ono.

Época: 1940-1980 (John), 1933 (Yoko).

Dirección: Edificio Dakota, Nueva York (Estados Unidos).

Nacionalidad: británico y japonesa.

Ocupación: músicos y artistas.

Logros de la pareja: grandes éxitos musicales y activismo por la paz

UN VIAJE DE NOVIOS MUY ORIGINAL

La luna de miel de John y Yoko fue diferente a todas. Reservaron una suite en el Hotel Hilton de Amsterdam, colgaron letreros que decían *Bed Peace* y *Hair Peace* («Paz en la cama y en el cabello», en referencia a esa semana en la que iban a dejar crecer su cabello sin salir de la cama), se pusieron dos pijamas blancos y se metieron entre las sábanas durante siete días, durante los cuales recibieron a los medios de comunicación para lanzar un mensaje pacifista de protesta contra la guerra de Vietnam.

Andy Warhol y Jean-Michel Basquiat

Andy
Warhol

Crecí en una familia muy humilde (en la ciudad de Pittsburgh, Estados Unidos) y siempre fui un chico con las ideas claras: quería pintar, tener dinero y hacerme famoso. ¡Y conseguí las tres! Cuando era pequeño, mi madre me llevaba a unas clases de pintura gratuitas donde aprendí la técnica. Gracias a eso, conseguí trabajar como ilustrador en revistas elegantes de Nueva York. Pero yo quería pintar mis propios cuadros y dar rienda suelta a mi imaginación.

Así que desarrollé un estilo muy alegre y colorista, que se llamó Pop Art. A la gente le encantaba y yo ganaba mucho dinero con mis cuadros, en los que mezclaba los colores chillones con los retratos de personas famosas y marcas como la Coca-Cola. Ahora que era rico y famoso gracias a mi pintura monté un estudio llamado la «Factory», que se convirtió en el lugar favorito donde se reunían mis amigos famosos y artistas. Tenía muchísimos, pero ninguno tan especial como Jean-Michel.

74

Yo, a diferencia de Andy, crecí en una familia afroamericana y acomodada de Brooklyn, Nueva York. Lo que tenemos en común es la pasión por la pintura: ¡desde muy pequeño me volvía loco con mis pinceles! En los colegios convencionales nadie entendía mi pasión ni mi manera de ser… Yo era un espíritu libre. Pero por suerte acabé en una escuela de arte para niños superdotados donde pude dar rienda suelta a mi talento.

Mis primeras obras famosas fueron unos grafitis que pintaba por los muros de Nueva York, bajo el seudónimo SAMO. A mí me encantaba eso de pintar al aire libre. De hecho, me gustaba tanto que vivía en la calle y me mantenía vendiendo camisetas pintadas. Pronto me hice conocido por mis cuadros, que tenían un estilo muy llamativo: pintaba unas figuras coloridas, muy expresivas, con un toque étnico que recordaba al arte africano. Y entonces conocí a Andy.

Jean- Michel Basquiat

En los años 80 del siglo XX nos hicimos inseparables. Éramos algo así como los dos chicos raros del instituto que saben comprenderse el uno al otro. Y como éramos tan creativos, empezamos a pintar juntos. ¡Firmamos hasta 200 cuadros llenos de colorido! Andy era un poco como el hermano mayor y más tranquilo que cuidaba de Jean-Michel, que estaba lleno de energía y era muy impetuoso. Lo malo era que tenía unos hábitos muy destructivos. Andy murió en el hospital después de una operación que aparentemente había ido bien. Al año siguiente, Jean-Michel falleció a causa de una sobredosis de drogas.

CÁPSULAS DEL TIEMPO

Andy Warhol creó 600 cápsulas del tiempo en las que guardaba recuerdos de su niñez, cartas, recortes de revistas ¡y hasta trozos de pizza disecados! Al pintor le encantaba comprar cosas y rodearse de objetos. Una de esas cajas se la dedicó a su amigo Jean-Michel, e incluyó su partida de nacimiento, varias fotos, dibujos y una carta. Las cápsulas del tiempo se pueden visitar en el Museo Andy Warhol, en Pittsburg.

FICHA PERSONAL

Nombre: Andy Warhol y Jean-Michel Basquiat.

Época: 1928-1987 (Warhol), 1860-1988 (Basquiat).

Dirección: Nueva York (Estados Unidos).

Nacionalidad: estadounidenses.

Ocupación: pintores.

Logros de la pareja: fueron los dos pintores más famosos de los años 80.

15 MINUTOS DE FAMA

Warhol pronunció una frase que se hizo muy famosa: «En el futuro, todos serán mundialmente famosos durante 15 minutos». Y eso que lo dijo en 1968, cuando aún faltaban décadas para que aparecieran internet y las redes sociales. ¡A él, que adoraba hacerse fotos con sus amigos famosos, le habría encantado Instagram!

Serena y Venus Williams

Soy la pequeña de cinco hermanas, de las cuales las más famosas somos Venus y yo, que nací en 1981. Vivíamos en Los Ángeles, hasta que mi padre Richard tomó una decisión. Quería que Venus y yo nos convirtiéramos en las mejores tenistas profesionales que jamás hubieran existido. Y él sería nuestro entrenador. Para comenzar con su plan, no se le ocurrió otra cosa que obligarnos a mudarnos a un gueto en el centro de la ciudad. Era una zona llena de pobreza y violencia, y nosotras unas niñas de cinco y cuatro años.

Yo enseguida quise ser como Venus, que empezó a entrenar antes que yo y con solo 11 años ya había ganado más de 60 partidos seguidos.

¡Pero a mí tampoco se me daba mal! Gané el primer torneo con cuatro años, y a los 10 había vencido en 46 de los 49 torneos en los que participé. A esa edad nos instalamos en Florida gracias al dinero que ganamos con nuestro primer contrato publicitario con una marca deportiva. Comenzamos a practicar con un entrenador profesional llamado Rick Macci y me hice tenista profesional a los 14 años.

Serena
Williams

Siete años más tarde ya era la número 1 del mundo, y gané, entre otros muchos, 23 títulos de Grand Slam. Dicen de mí que he sido la mejor jugadora de tenis de la Historia.

Hoy en día soy madre y me dedico también a otros negocios, como mi propia firma de ropa y complementos. Además, me encanta el mundo del espectáculo y he participado en series de televisión, he rodado vídeos con Beyoncé y hasta he sido *Wonder Woman* en versión cómic.

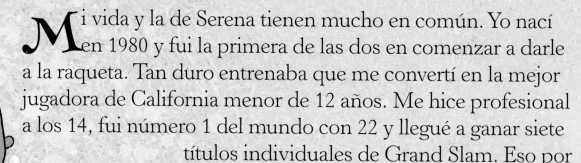

Mi vida y la de Serena tienen mucho en común. Yo nací en 1980 y fui la primera de las dos en comenzar a darle a la raqueta. Tan duro entrenaba que me convertí en la mejor jugadora de California menor de 12 años. Me hice profesional a los 14, fui número 1 del mundo con 22 y llegué a ganar siete títulos individuales de Grand Slam. Eso por citar algunos de mis triunfos, porque la lista entera es mucho más larga.

Mi currículo deportivo es impresionante, aunque he de reconocer que Serena me superó. Entre las dos acumulamos ocho medallas olímpicas. Desde luego, cumplimos de sobra las expectativas de nuestro padre.

No me he retirado oficialmente del tenis, pero lo he ido abandonando progresivamente desde que me detectaron una enfermedad autoinmune. Pero las Williams tenemos talento e imaginación de sobra. Yo fundé una empresa de diseño de interiores y tengo mi propia línea de moda. ¡No me aburro nunca!

DE NIÑO POBRE A HOMBRE DE ÉXITO

En el año 2022 se estrenó una película titulada *King Richard* (*El método Williams*, en español). Cuenta la historia del padre de Serena y Venus. Todo comenzó cuando Richard Williams era un niño pobre en la época en que los afroamericanos sufrían una hiriente discriminación en Estados Unidos. Aquellas duras circunstancias fueron las que le hicieron prometerse a sí mismo que la vida de sus hijas sería mucho más feliz y próspera.

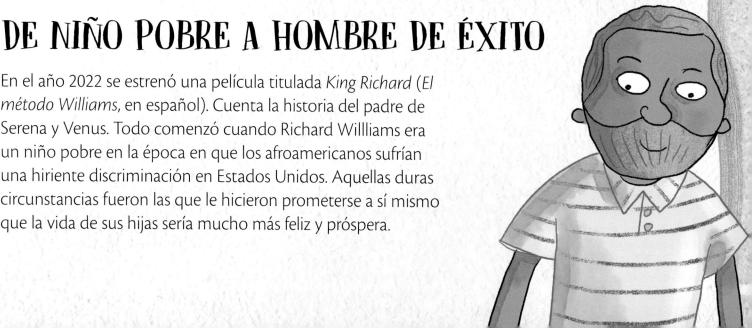

FICHA PERSONAL

Nombre: Venus y Serena Williams.

Época: 1980 (Venus) y 1981 (Serena).

Dirección: Florida (Estados Unidos).

Nacionalidad: estadounidenses.

Ocupación: tenistas.

Logros de la pareja: ser las hermanas tenistas más exitosas de la Historia.

PODEROSAS E INCONFUNDIBLES

Cuando jugaban juntas sus partidos de dobles, Venus y Serena Williams llenaban la pista con su impresionante energía y sus inconfundibles trencitas de colores. Siempre les gustó la moda y se sentían orgullosas de su poderoso aspecto físico y de los logros en los que fueron pioneras. En 2002, Venus se convirtió en la primera jugadora afroamericana en llegar al número 1 de la clasificación de la Women's Tennis Association. Poco después, Serena consiguió el mismo título.

OTRAS «PAREJAS»
QUE DEBES CONOCER

1. Sansón y Dalila. Sansón fue un héroe hebreo del Antiguo Testamento al que, según la Biblia, Dios concedió una fuerza sobrenatural. Gracias a ella protegió a su pueblo de los abusos de los filisteos, que eran quienes gobernaban. Sansón no temía a ningún ejército ni perdía una sola batalla. Para descubrir su secreto, los filisteos enviaron a una mujer llamada Dalila. Sansón se enamoró de ella y le confesó que su fuerza surgía de su cabello, que nunca se había cortado. Así que Dalila y los filisteos esperaron a que se durmiera. Luego le cortaron el pelo y lo hicieron prisionero. Pero cuenta la leyenda que, al final, Sansón recuperó su fuerza y acabó con todos sus enemigos.

2. Paris y Helena. Estos dos personajes, entre la leyenda y la realidad, simbolizan el amor que está destinado a florecer entre dos personas. En la Antigua Grecia, Paris era príncipe de Troya. Pero antes de que naciera, su madre tuvo un sueño en el que vio a su hijo destruyendo la ciudad, así que lo abandonaron al nacer. Lo adoptó un criado que lo cuidó como si fuera su hijo. Cuando creció, la diosa del amor Afrodita le prometió presentarle a la mujer más bella del mundo. Y esa no era otra que Helena, una joven casada de Esparta conocida por su belleza. Cuando se conocieron, se enamoraron locamente y se fugaron juntos a Troya. Eso no les gustó nada a los griegos, que decidieron declararle la guerra a Troya. Esta guerra duró muchos años y Paris y Helena se sintieron muy culpables por haberla desencadenado. Al final, los griegos ganaron y mataron a Paris, obligando a Helena a volver con su esposo, aunque no le amaba.

3. Cleopatra y Julio César. Cleopatra VII, nacida en Alejandría el año 69 a.C., fue la última reina de Egipto. Cuando su hermano le arrebató el poder, se exilió en Siria, donde conoció a Julio César, que era emperador del Imperio romano. Este se convirtió en su amante y protector, y la ayudó a recuperar el trono. Aunque no pudo casarse con él (los egipcios se casaban entre hermanos para poder reinar), vivieron juntos en Roma y fueron padres de un pequeño llamado Cesarión. Pero a los romanos no les gustaba Cleopatra, y cuando César fue asesinado huyó a Egipto con Cesarión. Este se convirtió así en el último faraón, reinando con el nombre de Ptolomeo XV.

4. Rómulo y Remo. El mito de Rómulo y Remo narra el origen del Imperio romano, en el año 753 antes de nuestra era. Se trata de una leyenda, pero se dice que podría estar basada en algunos hechos reales. Todo comenzó cuando Marte, dios de la guerra, se enamoró de una mujer que se quedó embarazada de gemelos. No le permitieron criarlos, sino que los pusieron en una cuna y la dejaron flotando en un río. Una loba los encontró y los amamantó como si fueran sus cachorros. Después fueron adoptados por un pastor. Hasta que crecieron y se enteraron de que, supuestamente, eran hijos de un dios. Entonces decidieron fundar su propio reino, aunque no se ponían de acuerdo sobre quién debería ser el rey. Hicieron un trato y Rómulo fue el ganador. Pero Remo, furioso, ignoró sus órdenes. Rómulo mató a su hermano y se convirtió así en el primer gobernante de Roma.

Rómulo y Remo

5. Adriano y Antínoo. Antínoo era un joven de gran belleza, conocido por ser el amante del emperador romano Adriano, allá por los años 110 y 115. Pero un día, el muchacho cayó al río Nilo en circunstancias extrañas mientras Adriano observaba cómo se ahogaba sin poder evitarlo. Tras aquella muerte tan triste, Antínoo fue venerado como un dios y se le rindieron montones de homenajes: se levantaron templos en su honor, se organizaron competiciones musicales y deportivas y se crearon estatuas y monedas con su imagen. A lo largo de los siglos, esta historia inspiró a muchos artistas, como la escritora Marguerite Yourcenar, que inmortalizó el romance en su famosa novela *Memorias de Adriano*.

6. Teodora y Justiniano. Fueron una pareja de emperadores del Imperio bizantino, que reinaron con gran poder y popularidad entre los años 527-548. Ella era toda una celebridad y una de las mujeres más poderosas de la Antigüedad, ya que no se limitaba al papel de esposa, sino que se implicaba en los asuntos de estado y adoptaba decisiones junto a Justiniano, que era militar. Todo un logro para una mujer que creció en un ambiente muy humilde y conoció la pobreza a lo largo de su infancia.

Teodora

Justiniano

Los Reyes Católicos

7. Isabel y Fernando, los Reyes Católicos.
Isabel era princesa de Asturias cuando se casó en 1469 con su primo Fernando, heredero de la corona de Aragón. Como eran una pareja muy religiosa, el Papa Alejandro VI les concedió el título de Reyes Católicos. Se convirtieron en unos monarcas muy poderosos y durante sus 30 años de reinado lograron tres hitos que pasaron a la Historia de España: instauraron el Tribunal de la Santa Inquisición, expulsaron a los judíos y a los musulmanes del país y apadrinaron el viaje de Cristóbal Colón a América.

8. Lancelot y Ginebra. Son personajes de unas leyendas medievales llamadas artúricas (por el rey Arturo) y que no se sabe si fueron ficción o realidad. El caso es que sir Lancelot era uno de los llamados caballeros de la Mesa Redonda, que servían al rey. Este le encargó llevar al reino a una princesa llamada Ginebra para convertirla en su esposa. Sin embargo, Lancelot y Ginebra se enamoraron y Arturo, al enterarse, los castigó. Acabaron sus días separados. Él, vagando como un ermitaño. Ella, encerrada en un convento. No obstante, nunca se olvidaron.

Lancelot y Ginebra

Dante Alighieri

9. Dante y Beatriz. Beatriz Portinari y Dante Alighieri eran dos jóvenes que vivían en Florencia (Italia) en el siglo XIII. No eran amigos, pero él se enamoró perdidamente de ella al verla pasar por la calle una vez cuando tenía nueve años y otra a los 18. La muchacha murió en un hospital a los 24, y Dante se quedó tristísimo. Así que la convirtió en su musa e, inspirándose en su belleza, le dedicó muchos poemas e incluso la convirtió en uno de los personajes más importantes del libro más famoso que escribió, que se titula *Divina comedia*.

10. Marie y Pierre Curie. La polaca Marie Curie fue la primera mujer en ganar un Premio Nobel y la primera persona en recibir el galardón (el de Física y el de Química) dos veces. También fue la primera mujer profesora de la Universidad de París. En 1895 se casó con el profesor de Física Pierre Curie, con el que formó un gran equipo personal y profesional. Él la apoyó en sus investigaciones y juntos descubrieron dos elementos químicos, el radio y el polonio. Marie quedó viuda cuando Pierre falleció atropellado por un carruaje, y heredó su cátedra de Física en la universidad.

Marie y Pierre Curie

11. Frederick Douglass y Anna Murray. Douglass nació a principios del siglo XIX, época en que los ciudadanos afroamericanos vivían como esclavos. Pero él, que era hijo de madre negra y padre blanco desconocido, logró liberarse y se convirtió en el primer hombre negro con un puesto importante en el gobierno de Estados Unidos. Para conseguirlo huyó a Nueva York con Anna, una joven sirvienta que se sumó a su lucha por la libertad. Desde su casa de Nueva York criaron a cinco hijos y dieron ropa y comida a cientos de esclavos que huían a través del llamado ferrocarril subterráneo antes de seguir camino a Canadá, donde podían vivir libres.

12. Oscar Wilde y Lord Alfred Douglas. Wilde era un escritor de éxito y padre de familia cuando conoció a Alfred Douglas (conocido como *Bosie*), un joven aristócrata bastante caprichoso y egoísta. Sin embargo, se enamoraron y comenzaron a salir juntos por los bares de Londres. Su felicidad duró poco, porque el padre de *Bosie* se enfadó muchísimo y denunció a Oscar Wilde por homosexual. Y es que en su época, la segunda mitad del siglo XIX, enamorarse de una persona del mismo sexo era un delito y estaba prohibido. El escritor tuvo que ir a juicio y lo condenaron a pasar dos años en la cárcel. Eso lo dejó bastante triste y desanimado hasta el final de su vida.

Oscar Wilde y Alfred Douglas

Hermanos Wright

13. Hermanos Wright. Orville y Wilbur Wright eran dos habilidosos hermanos que vivían de su negocio de reparación y venta de bicicletas mientras investigaban cómo hacer volar un aparato más pesado que el aire, algo en lo que la gente no estaba muy interesada a finales del siglo XIX. Sin embargo, ellos perseveraron en su idea. Y así, en 1903, lograron realizar el primer vuelo con un aeroplano, que duró alrededor de un minuto. Vivían en un pueblo pequeño de Estados Unidos y su hazaña no tuvo gran repercusión. Pero, sin ellos saberlo, dieron inicio a la aviación moderna.

14. Frida Khalo y Diego Rivera. La pareja de pintores mexicanos fue apodada «El elefante y la paloma». Él era un hombre alto y obeso y ella tenía un cuerpo pequeño y delicado, que sufrió muchísimas operaciones a causa de varias enfermedades y un grave accidente. Su manera de pintar también era muy distinta. Él creaba grandes murales y ella pintaba pequeños autorretratos y cuadros llenos de símbolos. Además, Frida sufría porque no podía ser madre, aunque Diego ya tenía varios hijos y ella fue su tercera esposa. Mantuvieron una relación muy apasionada y llena de altibajos y se casaron dos veces, una en 1929 y otra en 1940.

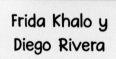

Frida Khalo y Diego Rivera

15. Bonnie y Clyde. Bonnie Parker y Clyde Barrow tuvieron la mala suerte de nacer en Estados Unidos durante una gravísima crisis económica conocida como la Gran Depresión. Fueron dos de los muchos jóvenes de familias arruinadas que no vieron más salida que la delincuencia para sobrevivir. Lo cual no excusa su comportamiento, pero sí lo explica. La pareja robó en tiendas y gasolineras, atracó bancos e incluso asesinó a varios agentes. Huían de la ley en un coche robado y a la policía le costó meses atraparlos, hasta que en 1934 acabaron con ellos en un tiroteo. Así se convirtieron en una pareja mítica cuya historia arrasaba en los periódicos y se llevó al cine con enorme éxito.

Bonnie y Clyde

16. Stan Laurel y Oliver Hardy.

Esta peculiar pareja artística logró fama mundial con sus películas cómicas y fue conocida entre el público hispano como *El gordo y el flaco*. Stan (el flaco) era inglés y Oliver (el gordo), norteamericano. Por separado no llamaban especialmente la atención, pero juntos formaban un dúo con mucha química. Triunfaron en el cine durante la década de 1930, con sus películas de humor simplón y tierno. Se separaron veinte años más tarde, aunque siguieron siendo amigos en la vida real.

Stan Laurel y Oliver Hardy

Simone de Beauvoir y Jean-Paul Sartre

17. Simone de Beauvoir y Jean-Paul Sartre.

Fueron dos escritores y filósofos franceses del siglo XX que lideraron un movimiento filosófico llamado existencialismo. También fueron pareja durante 50 años. Sin embargo, nunca se casaron ni tuvieron hijos, porque querían mantener su libertad personal y pensaban que el matrimonio acabaría con su independencia. Así que cada dos años renovaban su acuerdo amoroso, e incluso se trataban de usted y se daban permiso el uno al otro para salir con otras personas que les gustaran.

18. Juan Domingo Perón y Eva Duarte.

Él era un militar y político con ambiciones, y ella una jovencísima aspirante a actriz. Se casaron en 1945 y juntos lograron que Perón llegara a ser presidente de Argentina (lo fue en tres ocasiones), mientras que Eva se convirtió en la primera dama más popular de todos los tiempos. El pueblo la idolatraba y la llamaba Evita. Se convirtió en apasionada defensora de los más humildes y luchó para que se reconociera el voto femenino. Todo terminó cuando Evita murió con 33 años.

Juan Domingo Perón y Eva Duarte

19. John F. Kennedy y Jacqueline Bouvier. Fueron una de las parejas más famosas de su tiempo. Él era el presidente más joven de Estados Unidos. Ella, una primera dama estilosa y elegante. Aparecían constantemente en las portadas de los medios de comunicación y la gente los adoraba. Pero en 1963, durante un desfile a bordo de un coche, un perturbado disparó al presidente. Jacqueline, conocida como Jackie, se negó a cambiarse la ropa manchada de sangre para que todo el mundo viera que había sucedido algo terrible. Tras algunos años de triste viudedad, se casó de nuevo con el millonario Aristóteles Onassis.

John F. Kennedy y Jacqueline Bouvier

20. Sonny y Cher. En la década de 1970 cautivaron al público de Estados Unidos como dúo musical de música alegre y look colorido. Vendieron más de 40 millones de discos y también se convirtieron en estrellas de televisión gracias a dos *shows* de enorme éxito. Finalmente se divorciaron, y siguieron caminos muy distintos. Sonny Bono se dedicó a la política, y Cher se reinventó como estrella pop en su madurez (aunque en su juventud se sentía muy insegura y le daba miedo subirse sola al escenario).

Sonny y Cher

ÍNDICE ALFABÉTICO

A

Ada Lovelace 6
Adán 4
Adán y Eva 10-13
Adolf Hitler 58
Adriano y Antínoo 83
Afrodita 82
Agnieszka Holland 37
Alice B. Toklas 9
Alice Guy 40
Andy Warhol 8
Andy Warhol y Jean-Michel Basquiat 74-77
Aristóteles Onassis 88

B

Bertrand Russell 45
Beyoncé 79
Bonnie y Clyde 86

C

Cesarión 82
Cézanne 52
Cleopatra y Julio César 82
Coretta Scott 9
Cristóbal Colón 84
C. S. Lewis 24

D

Dante y Beatriz 84
Dios 13, 82
Dora Carrington 45

E

Eduardo VIII 5
Eduardo VIII y Wallis Simpson 46-49
E.M. Forster 45
Endre Friedmann 9
Ernest Hemingway 50, 53
Eva 4

F

Federico García Lorca 63, 64
Francis Scott Fitzgerald 50
Frank Capa 57
Frankenstein 24

Frederick Douglass y Anna Murray 85
Frida Khalo y Diego Rivera 86

G

Gala 8
George Harrison 70
Georges Méliès 41
Gerda Taro 9
Gertrude Stein 9
Gertrude Stein y Alice B. Toklas 50-53

H

Hans Scholl 7
Hans y Sophie Scholl 58-61
Hermanos Grimm 30-33
Hermanos Lumière 38-41
Hermanos Wright 86

I

Isabel II 48
Isabel y Fernando, los Reyes Católicos 84

J

Jean-Michel Basquiat 8
Jesús 12
Joan Miró 63
John F. Kennedy y Jacqueline Bouvier 88
John Lennon 8
John Lennon y Yoko Ono 70-73
John Maynard Keynes 45
Jorge V 46, 47
Jorge VI 48
Josefina 5
José Ortega y Gasset 64
Juan Domingo Perón y Eva Duarte 87

K

Katherine Mansfield 45

L

Lady Anne Blunt 28, 29
Lancelot y Ginebra 84
Leonardo DiCaprio 37

Leonard Woolf 44
Lord Byron 6
Lord Byron y Ada Lovelace 26-29
Ludwig Wittgenstein 45
Luis Buñuel 64
Luis XVI 20

M

Mahatma Gandhi 66
Marc Rothermund 61
Marguerite Yourcenar 83
María Antonieta 20
María Luisa de Austria 20
Marie y Pierre Curie 85
Marte 83
Martin Luther King 9
Martin Luther King y Coretta Scott 66-69
Mary Shelley 6
Mary Wollstonecraft 6
Mary Wollstonecraft y Mary Shelley 22-25
Matisse 50, 52
Michael Ende 24
Mumtaz Mahal 5

N

Napoleón 5
Napoleón Bonaparte y Josefina Beauharnais 18-21
Noé 13

O

Oscar Wilde y Lord Alfred Douglas 85

P

Papa Alejandro VI 84
Paris y Helena 82
Paul McCartney 70
Paul Verlaine y Arthur Rimbaud 34-37
Percy B. Shelly 23
Picasso 50, 53, 63

R

Rafael Alberti 64

Reina María 46
Rey Arturo 84
Richard Willliams 80
Rick Macci 79
Rimbaud 9
Ringo Starr 70
Robert Capa (Endre Friedmann y Gerda Taro) 54-57
Robert Taylor 57
Rómulo y Remo 83
Rosa Parks 66

S

Salvador Dalí 8
Salvador Dalí y Gala 62-65
Sansón y Dalila 82
Serena Williams 7
Serena y Venus Williams 78-81
Severo Ochoa 64
Shah Jahan 5
Sha Jahan y Mumtaz Mahal 14-17
Shakespeare 44
Simone de Beauvoir y Jean-Paul Sartre 87
Sonny y Cher 88
Sophie Scholl 7
Stan Laurel y Oliver Hardy (el gordo y el flaco) 87

T

Teodora y Justiniano 83
Tim Burton 24

V

Vanessa Bell 7
Venus Williams 7
Verlaine 9
Victor Frankenstein 25
Virginia Woolf 7
Virginia Woolf y Vanessa Bell 42-45

W

Wallis Simpson 5
Winston Churchill 49

Y

Yoko Ono 8